Josef Guggenmos
Oh, Verzeihung, sagte die Ameise

Josef Guggenmos

Oh, Verzeihung, sagte die Ameise

Ein Kinderbuch mit Bildern von
Nikolaus Heidelbach

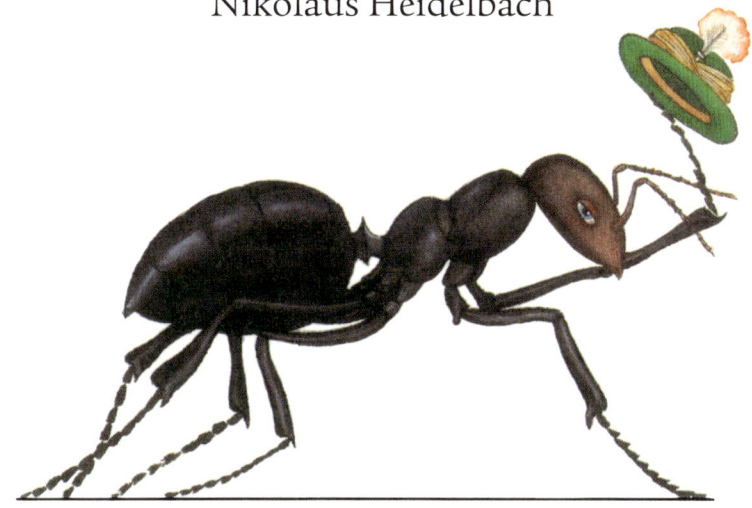

BELTZ
& Gelberg

Editorische Notiz:
Die Originalausgabe von *Oh, Verzeihung, sagte die Ameise* erschien
erstmals 1990. Für diese Neuausgabe wurden von Nikolaus Heidelbach
zahlreiche weitere Gedichte aus dem Gesamtwerk von Josef Guggenmos
ausgewählt und neu illustriert.

Dieses Buch ist erhältlich als
ISBN 978-3-407-75431-8 Print

Weitere Informationen zu unseren Autor_Innen und Titeln
finden Sie unter: www.beltz.de

Der Herr, der kleine

Ein Herr, zwar kühn,
doch gar nicht groß,
sattelte seinen Dackel,
stieg auf und ritt los.

Sein Pferdchen, das trug ihn,
trippeltrippel, ins Feld.
Er ritt in den Sommer,
in die weite, bunte Welt.

Wiese, gewaltige Wiese.
Helle, leibhaftige Träume.
Falter: freundliche Adler.
Margeriten stehen wie Bäume.

So ein Tag

Heut träume ich mir –
ich träum, was ich mag.
Heut träume ich mir einen schönen Tag.
Schau auf, sieh,
welch ein Gewimmel!
Briefe flattern vom Himmel:
Briefe für mich, dich, alle Leut.
In jedem steht was,
was den, der's liest, freut.
So ein Tag, so ein Tag, so ein Tag ist heut.

Maus, Einfamilienhaus, noch mehr, aus

Es war einmal eine kleine Maus,
der schmeckte das Essen so sehr.
Als ich sie traf, da war sie schon
so groß wie ein Einfamilienhaus,
und sie aß immer noch mehr.

Auf einem Zaun saß ein Kater,
ein gelb-schwarz-weiß-kunterbunter,
der seufzte: »Die
möchte ich fressen, aber wie
kriegt man so etwas hinunter?«

Die einfamilienhausgroße Maus
kroch zu mir heran
und sah mich bitterlich weinend an:
»Hast du was, was ich noch fressen kann?«

In meiner Tasche kramte ich ein Weilchen,
dann fand ich was:
Von einem Brötchen ein Bröselchen,
das steckte ich in ihr Mäulchen.

Mit zwei Fingerspitzen
steckte ich es hinein.
Ach, da hat sich was zugetragen!
Das Bröselein
passte nicht mehr
in den einfamilienhausgroßen
Mäusemagen.

Pluff!
Zerplatzt war das Tier.
Nur noch Luft war vor mir.

Wie? Das glaubst du nicht?
Sei still!
Ich weiß das Datum noch ganz genau:
Es war am 1. April!

Was der Fisch meint

Ich stand einmal an einem See
und fütterte einen Fisch.
Der sprach zu mir: Was schwitzt du dort?
Im Wasser ist es frisch!

Mach einen Hechtsprung! Komm herein!
Das Schwimmen ist gesund.
Wir wollen um die Wette tauchen
zu den Kieseln auf dem Grund.

Den Wind kann man nicht fangen

Es war einmal eine Prinzessin, die hatte es gut.

Ihr Vater, der König, bekam nämlich alle Tage eine Menge Briefe, einen ganzen Korb voll. Und sie, die Prinzessin, durfte sich die Briefmarken ausschneiden.

»Muss ich das wirklich alles beantworten?«, stöhnte der König.

»Freilich«, sagte die Prinzessin. »Sonst schreiben dir die Leute nicht mehr.«

»Ich soll schreiben«, seufzte der König, »damit du viele Briefmarken bekommst.«

»Bitte, bitte, Herr Papa!«, bettelte die Prinzessin.

Da setzte sich der Herr Papa hin und beantwortete die Briefe. Aus dem ganzen Reich schrieben ihm die Leute, die Großen und die Kinder. Aus den fernsten Ländern kamen Briefe. Und war's nur, dass einer für ein Kreuzworträtsel den höchsten Berg von Kukumberland brauchte. An wen sollte er schreiben? Er schrieb: An den König von Kukumberland. Das kam an.

Täglich kamen mehr Briefe. Und die Prinzessin durfte sich die Briefmarken aus den Umschlägen schneiden. Die Marken legte sie alle in eine Schachtel, und wenn sie mal nichts zu tun hatte, löste sie die Marken im Wasser ab und legte sie zwischen Löschblätter; die beschwerte sie dann mit dicken Büchern, die sie aus der Bibliothek des Vaters geholt hatte.

Eines Tages saß die Prinzessin in ihrem Zimmer, um Marken einzuordnen. Es war ein warmer Tag im Herbst und das Fenster stand offen. Die Prinzessin sortierte die Briefmarken und legte sie in Häuflein auf den Tisch.

Es gab da ein Häuflein mit Vögeln.
Ein Häuflein mit Fischen.
Ein Häuflein mit Insekten.
Ein Häuflein mit Vierfüßlern.
Ein Häuflein mit Blumen.

Ein Häuflein mit Köpfen.
Ein Häuflein mit Sportlern.
Ein Häuflein mit Schiffen.

Es gab auch noch sieben oder acht andere Häuflein. Und dann gab es noch ein Häuflein mit ganz besonders schönen Marken. Die kamen alle in ein eigenes Album.

Als die Prinzessin mit Sortieren fast fertig war, geschah es. Der Wind sprang plötzlich zum Fenster herein, warf alle Briefmarken hoch und wirbelte sie im ganzen Zimmer herum. Es war das reinste Schneegestöber. Die Prinzessin rannte und schloss das Fenster. Aber nun war es schon passiert. Sämtliche Briefmarken waren im Zimmer verstreut.

Die Prinzessin heulte und rannte zu ihrem Herrn Papa, erzählte, was der schlimme Wind verbrochen hatte, und schrie: »Du musst ihn verhaften und einsperren und nie, nie mehr loslassen!«

Aber der König sagte: »Der Wind lässt sich nicht fangen, nicht von tausend Männern! Das nächste Mal schließ das Fenster, dann kann er nicht herein!«

Den Wind kann man nicht packen,
nicht am Schwanz und nicht am Nacken.
Der Wind, das ist ein Wilder,
der rennt, wo's ihm gefällt.
Und triebe er nicht sein Wesen,
wär's traurig auf der Welt.

Sieben kecke Schnirkelschnecken

Sieben kecke Schnirkelschnecken
saßen einst auf einem Stecken,
machten dort auf ihrem Sitze
kecke Schnirkelschneckenwitze.
Lachten alle so:
»Ho, ho, ho, ho, ho!«

Doch vor lauter Ho-ho-Lachen,
Schnirkelschneckenwitzemachen
fielen sie von ihrem Stecken:
alle sieben Schnirkelschnecken.
Liegen alle da.
Ha, ha, ha, ha, ha!

Problem

Ein Frosch sprach im Frisiersalon
– auf dem Sessel saß er schon –
zu Lehrling Bugen Adamson:
»Stutzen Sie die Haare mir
und – jedoch ein wenig nur –
den Vollbart außerdem.«
Bugen ging zum Meister:
»Chef, da ist ein Problem.«

Vor dem Einschlafen

In der Kammer lieg ich hier,
bald knistert es, bald knarzt es,
mal links, mal rechts,
mal über mir.

Kein Wunder – es ist Geisterzeit,
da regt sich's in der Dunkelheit.
Mich stört das nicht,
denn ich bin weit.

In Gedanken kaure ich
auf einer Insel, fern im Meer,
hinter Felsen gut versteckt,
und sinne hin und her.

Denn in der Höhle dort im Berg
– nicht weit von mir, ich seh das Loch –,
in dieser Höhle liegt ein Schatz.
Den Goldschatz krieg ich noch!

Wächter hocken zwar davor,
Piraten sind es, wilde, drei,
mit Säbeln, Dolchen ausgerüstet.
Da komm ich nicht vorbei.

Sie braten sich am Feuer was,
es duftet bis hierher.
Auch ich hab Hunger, doch der Schatz,
der lockt mich noch viel mehr.

Die Kerle, bärenstark sind sie –
dumm sind sie außerdem.
Wie lock ich die Halunken fort?
Das ist jetzt mein Problem.

Ja, lacht nur, ihr dort, grölt und schmatzt!
Den Schatz, den krieg ich doch!
Doch eilt es sehr – ich hoff, ich schaff's,
bevor ich einschlaf, noch …

Da sitze ich und suche

Da sitze ich und suche.
Ich suche einen Reim.
Ich suche, suche – fluche!
Was hilft's? Mir fällt nichts ein.

Ich suche einen Reim auf: Mensch.
Auf Mensch reimt – Mensch sich nur.
Nichts, was da grünt, nichts, was da blüht,
kein Ding auf weiter Flur.

Ich denke in der Welt umher:
Kein Tier, das fliegen kann,
keins, das da kriecht, kein Fisch im Meer
grüßt mit verwandtem Klang.

Ich geb es auf. Ich sage mir:
Es kann nicht anders sein.
So einzigartig ist der Mensch!
Ist er's? Er bildet sich's ein.

Sagen ist leichter als Tun

Weit im See,
sagte er,
liegt die Insel,
sagte er,
eine Stunde,
sagte er,
ist's dorthin,
sagte er,
aber du,
sagte er,
bist noch jung,
sagte er,
und gut zu Fuß.

Läufst du aber,
sagte er,
übers Wasser,
sagte er,
musst du rennen,
sagte er,
wie der Blitz,
sagte er,
tust du's nicht,
sagte er,
sinkst du ein,
sagte er,
ganz bestimmt.

Bist du aber,
sagte er,
auf der Insel,
sagte er,
wirst du staunen,
sagte er,
denn dort liegen,
sagte er,
Edelsteine,

sagte er,
groß wie Knödel,
sagte er,
nur so rum.

Und die roten,
sagte er,
sind Rubine,
sagte er,
und die grünen,
sagte er,
sind Smaragde,
sagte er,
und die klaren,

sagte er,
Diamanten,
sagte er,
dass du's weißt.

Davon stopf,
sagte er,
wenn du magst,
sagte er,
in die Taschen,
sagte er,
was hineingeht,
sagte er,
denn das Zeug,

16

sagte er,
findet man,
sagte er,
nicht so oft.

Doch zurück,
sagte er,
übern See,
sagte er,
renn noch mal,
sagte er,
so geschwind,

sagte er,
denn du bist,
sagte er,
noch mal so schwer,
sagte er,
wie vorher.

Wenn du willst,
sagte er,
dann probier,
sagte er,
ob du's schaffst,

sagte er,
und saus hier,
sagte er,
übern Teich,
sagte er,
doch lauf flink,
sagte er,
ich schau zu.

Rot leuchten die Johannisbeeren

Mittagsstille. Sommerzeit.
Gartenwelt voll Friedlichkeit.

Rot leuchten die Johannisbeeren.
Sie leuchten – locken zum Verzehren.

Ein schwarzes Vogelwesen sitzt
stillvergnügt im Busch und pickt.

Da rennt ein Mann hinzu und schreit.
Die Amsel flieht, doch nicht sehr weit.

Sie zetert laut, ist sehr empört,
weil man sie bei der Mahlzeit stört.

»Bleib von den Beeren!«, schreit der Mann.
Die schwarze Amsel hört sich's an.

Der Menschen-Mann verlässt den Ort,
geht heim zum Haus, verschwindet dort.

Die Amsel huscht zum Busch zurück.
Mittagsstille. Sommerglück.

Wenn's stürmt, wenn's schneit

Wenn's stürmt, wenn's schneit
in den Winterwochen,
sitzt der Dachs
in der Höhle verkrochen.

Da sitzt er im Dunkeln,
da sitzt er allein.
Ich möchte an seiner
Stelle nicht sein.

Wie geht's ihm? Wird ihm
die Zeit nicht lang?
Hätte er ein Telefon,
ich riefe ihn mal an.

Kleines Waldtheater

Auf der Wiese duftet das frisch gemähte Gras. Ein Hügel im Westen trägt eine glutrote Kuppel.

Das ist die Sonne.

Jetzt ist sie weg.

Ich überquere die Straße und betrete den Wald. Leise, wie man ein Theater betritt, in dem die Vorstellung begonnen hat.

Nein, noch hat es nicht angefangen. Die Schauspieler, die ich zu erleben hoffe, werden sich wohl erst in einer Viertelstunde zeigen. Doch ich muss vorsichtig sein.

Ich brauche nicht weit zu gehen. Dann bin ich bei meinem Stammplatz, einem bemoosten Baumstrunk, inmitten von Waldmeister und Goldnessel.

Im Wald ist das Warten schön. Sogar Musik ist da. Links von mir schmettert ein Buchfink. Wenn er aufgehört hat, beginnt rechts ein anderer. Einer will dem andern beweisen, dass er's besser kann. Ich für meinen Teil würde dem linken den Preis geben. Wie flott er jedes Mal den Schnörkel am Ende hinkriegt! Es ist eine helle Freude. Auch der andere legt sich mächtig ins Zeug, aber er verausgabt sich gleich am Anfang zu sehr, da bleibt dann für den »Überschlag« am Ende nicht mehr viel. Welche Maßstäbe unter Finken gelten, weiß ich natürlich nicht.

Mein Blick ist auf den Steilhang gerichtet, der zehn Meter vor mir wie eine Wand emporsteigt. Stämmige Buchen stehen bis oben hinauf. Zwischen den letzten Stämmen, oben auf der Höhe, leuchtet der Abendhimmel durch, dort beginnen die Felder. Da und dort tritt aus dem kupferfarbenen Falllaub, das den Hang bedeckt, grauer Fels hervor, und an einigen Stellen sind schwarze Löcher zu erkennen.

Jetzt ist es so weit. Pünktlich um drei viertel acht, wie gestern und vorgestern, zeigen sich in einem der Löcher höchst merkwürdige Gesichter. Sie scheinen aus einem versunkenen Jahrtausend zu stammen. Weiße Tiergesichter sind es, mit zwei dicken, schwarzen Streifen, die sich über die Augen und Ohren hinziehen. Bei manchen Naturvölkern pflegten sich die Menschen ähnliche Masken aufzumalen.

Nun schlüpfen sie hervor, einer nach dem andern. Vier sind es, dicke, kleine Kerle auf seltsam kurzen Beinen. Junge Dachse. Babys sind sie längst nicht mehr, ein Vierteljahr mögen sie alt sein. Doch es sind noch richtige Kinder, arglos und verspielt.

Sie beschnuppern die Bäume, sie begucken die Welt. Plötzlich sitzt einer einem Bruder auf dem Rücken und beißt ihn in den Nacken. Das sieht gefährlich aus, doch es ist nur Spiel. Einmal kommt einer bei einer lustigen Rauferei am Hang ins Kollern – drei-, viermal dreht er sich um sich selber, dann findet er wieder festen Halt.

Während die vier jungen Dachse kurze Streifzüge unternehmen, mal nach rechts, mal nach links, bleiben sie immer nahe beieinander. Erwachsene Dachse sind Einsiedler, doch die Kinder brauchen einander noch. Jetzt packt gar einer der kleinen Gesellen einen andern, der beiseitewill, mit dem Maul am Schwanz und zieht ihn zu sich her zurück. Das ist die Einladung zu einer neuen Balgerei.

Die Finken sind verstummt. Ein Rotkehlchen singt irgendwo, fein und hell, das letzte Abendlied.

Rasch wird es dunkel. Bald kann ich die jungen Dachse nicht mehr erkennen. Einmal sehe ich sie noch, munter wie Ferkelchen, oben auf dem Hang vor dem blassen Himmel dahintraben.

Ich stehe auf und gehe, leise, wie ich gekommen bin.

Zilpzalp

Wer im Wald spazieren geht,
hört, wie es lustig klingt,
wenn der Vogel Zilpzalp
»zilpzalp zilpzalp zilpzalp« singt.

Der Zilpzalp kann kein »zizidä«,
doch »zilpzalp« kann er gut.
Drum singt der Zilpzalp »zilpzalp«
in seinem Übermut.

Krähen

Auf dem Acker
im Wackelgang
gehen zehn Krähen.
Das tun sie schon lang.

Sie könnten fliegen,
sie gehn aber lieber
und bücken sich dabei
hin und wieder.

Leckere Würmer
schnappen sie sich.
»Pfui, Würmer!«, rufst du
und schüttelst dich.

Stell dir aber vor,
es ist ja nicht schwer,
es wären elf Krähen:
Es wär eine mehr!

Und *du* wärst die elfte –
was tätest du?
Sähst du einen Wurm,
du picktest auch zu!

Die Giraffe mit ihren Beinen

Mit ihren Beinen,
den langen,
kam eine Giraffe
nach Wien gegangen.
Dort hat sie sich,
weil es ihr so gefällt,
auf die Straße gestellt
und beguckt
von hoch oben die Welt.
Hinter ihr
entsteht ein Gedränge.
Da hupen Autos in Menge –
die haben es schwer:
Gleich einem gelb karierten Berge
sperrt die Giraffe
den ganzen Verkehr!
Doch aus Gefälligkeit
macht sie die Beine breit.
Jetzt können die Autos,
die blechernen Zwerge,
in langen Scharen
unter ihr durch
wie durch einen Tunnel fahren.
Vorbei ist aller Verdruss.
Sogar der Schutzmann
muss sie loben.
Und zu allem Überfluss
kriegt sie noch
auf ihre Nase
hoch droben
von der kleinen Rita Glock
einen Kuss
aus dem zweiten Stock.

Es war mal einer

Es war mal einer,
ein Süßer, ein Kleiner.
Da kamen zwei
Starke herbei,
die fragten nicht viel,
für die war's nur ein Spiel,
die packten ihn gleich
und warfen ihn in den braunen Teich.
Blubberblubber, aus.
Und kämen zehn Männer daher
und suchten drei Wochen und mehr,
den Kleinen fischt keiner mehr raus.
Zuckerbrocken, lieber,
mit dir ist es vorüber.
Im Kaffee bist du zergangen im Nu.
Wer badet nur einmal im Leben?
Du!

Die Schatzkiste

Es liegt ein Schatz vergraben.
Den Schatz, den wollen wir haben.

Den Schatz, den suchen wir überall.
Wo liegt er? Vielleicht im Zillertal?

In Ungarn oder bei Hilversum?
Wir graben Europa um und um.

Wir graben bei Hamburg, wir graben bei Wien.
Wenn wir ihn finden, dann haben wir ihn!

Was? Aus dem Loche will er nicht?
Horuck! Die Kiste muss ans Licht!

Die Kiste ist aus Blei.
Schlösser hat sie: drei.

Drei Schlösser mit einem Schlüsselloch.
Jetzt fehlen nur die Schlüssel noch.

Der erste liegt in Mexiko,
der zweite Schlüssel irgendwo.

Der dritte liegt im tiefsten Meer.
Die drei Schlüssel müssen her.

Wenn wir sie haben, dann, ja dann
kann jeder zeigen, was er kann.

Den Schlössern, den rostigen, hilft kein Geschrei.
Die Schlüssel drehen sich, eins, zwei, drei!

Wir aber heben den Deckel. So!
Und schauen in die Kiste. – Oooh!

Die dort und ich

In unserer Hecke lärmten
zwei Dutzend Spatzen, sie schrien:
Tschilp zerr zell, tschippel dürr dieb!
Silb selb, till tell, tschilp zien!

Da bin ich anderer Meinung!,
rief ich. Ihr Spatzen, hört zu!
Klicks klokus, brimborum karamba!
Pokus mokus, mixmogel! Mähmuh!

Die Kiesel

Die Kiesel, die kalten,
die ur-ur-uralten,
im Bergbach liegen sie still.

Ist mancher darunter,
manch feiner, manch bunter,
manch blankes, herrliches Ding.

Der Fritz kommt vorüber,
gleich beugt er sich nieder,
den schönsten sucht er sich aus.

Betrachtet und prüft ihn,
umfasst ihn und wiegt ihn
und wirft ihn, so weit er nur kann.

Der Stein lernt das Fliegen
und wird wieder liegen
tausend Jahre still.

Das Schwert

Aus dem Acker kam
ein langes, rostiges Schwert.
Wer schwang es? Wen traf's?

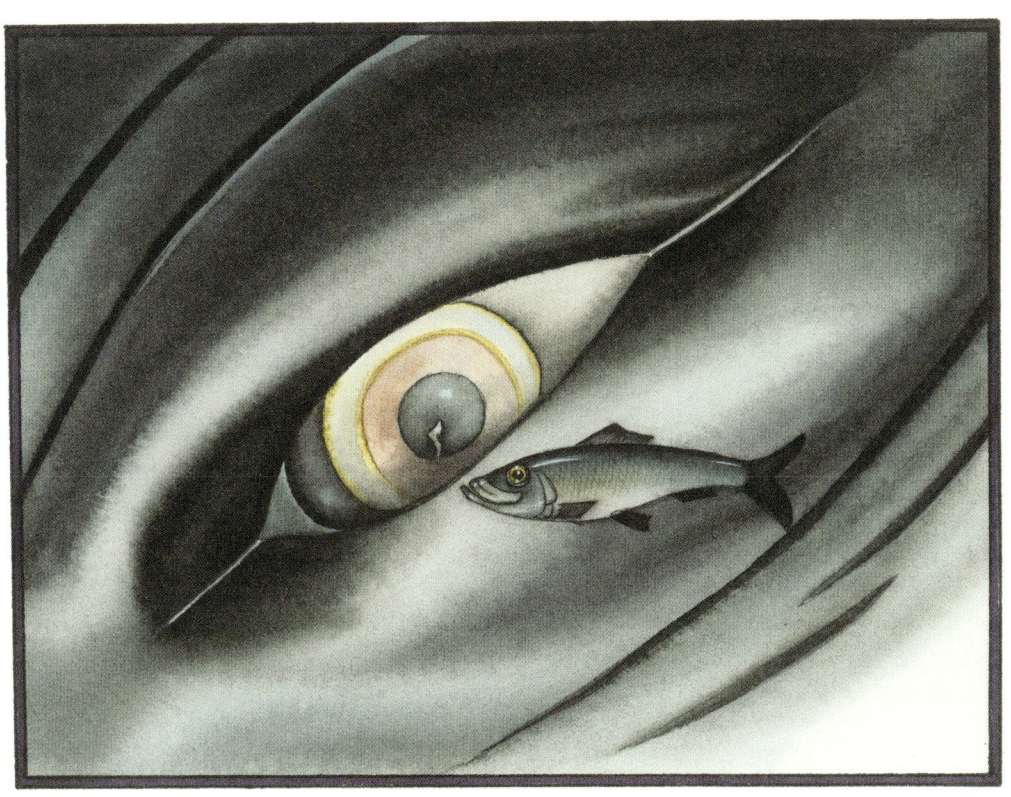

Große Wellen

Es machte einmal
große Wellen ein Wal.
Ein Hering schaute ihm zu:
»Ich wollte, ich wäre du!«
»Probier es doch selber. Nur Mut!
Aber ja, du kannst es schon gut!«
So sprach der Wal, das war fein
(man soll lieb zu den Kleineren sein).

Balthasar Baldrians große Tat

Es war einmal ein fürchterlicher Wüterich. Dieser Wüterich war König. Ausgerechnet der!

Mit diesem König war es nicht auszuhalten. Er brüllte den ganzen Tag im Schloss herum. Er verprügelte alle Leute und dazu auch noch die Hunde (die trauten sich schon gar nicht mehr unterm Tisch hervor). Sämtliche Minister hinkten, weil er ihnen andauernd auf die Hühneraugen oder gegen das Schienbein trat.

Außerdem hatte dieser Wüterich, der König, noch eine unschöne Angewohnheit. Er pflegte mit Gegenständen um sich zu werfen. Eine solche Unart soll man sich gar nicht erst angewöhnen. Aber dieser König konnte es nicht lassen. Wenn ihm das Essen nicht schmeckte – und er gehörte zu den Leuten, denen nie etwas gut genug war –, dann schmetterte er den vollen Suppenteller, den Braten samt Soße und Salat, die Schwarzwälder Kirschtorte, was es gerade war, gegen die Wand. Die himmelblaue Tapete mit den schönen Blumenmustern sah dementsprechend aus.

Wirklich, dieser Herr trieb es arg. Und er hätte wohl noch ewig so weitergewütet, wenn nicht Balthasar Baldrian gewesen wäre. Balthasar Baldrian, der Zauberer.

Dieser Balthasar Baldrian lebte ganz bescheiden in einer stillen Gasse. Obwohl er ausgezeichnet zaubern konnte, zauberte er doch nur ab und zu ein bisschen für den Hausgebrauch. Wenn Kinder kamen, zauberte er ihnen manchmal etwas Hübsches. Und wenn Kinder weinten, weil ihnen etwas kaputtgegangen war, zauberte er ihnen das zerbrochene Ding wieder heil. Alle Kinder in der Gasse sagten Onkel Baldrian zu ihm. Immer freundlich, immer hilfsbereit, so war Balthasar Baldrian – ganz anders als der König. So verschieden können Menschen sein.

Eines Tages erfuhr der König von diesem Zauberer. Schon flog der Bierkrug, den er gerade in der Hand hielt, gegen die Wand. Schon war er wieder in heller Wut. »Was?«, brüllte er. »Ein Zauberer? Hier in der Stadt? Das sagt ihr mir erst heute?! Her mit dem Kerl! Dem werde ich's zeigen!« Was hatte ihn nur so aufgebracht? Der Zauberer hatte ihm doch nichts getan. Aber dass einer in der Stadt war, der etwas konnte, was er selbst nicht fertigbrachte –so etwas durfte es nicht geben!

Schon war ein Diener losgerannt. Der König setzte sich auf seinen goldenen Sessel und stierte grimmig vor sich hin. Er dachte sich was aus. Bestimmt nichts Gutes!

Balthasar Baldrian saß in seiner Stube, eine Kasperlpuppe auf der rechten Hand. Um ihn saßen ein paar Kinder. Mit denen unterhielt sich der Kasperl.

Da wurde die Türe aufgerissen. Der Diener des Königs stürmte herein. »Bist du der Zauberer? Ja oder nein? Zum König. Schnell, schnell!«

»O Gott«, stotterte Balthasar Baldrian erschrocken. »Wieso denn das? Um Himmels willen, was soll ich ...?«

»Was vorzaubern vermutlich. Marsch! Mit!«

Die Kinder blickten ganz entsetzt, und ihrem Onkel Baldrian war zumute, als solle er in eine Löwengrube springen.

»Noch fünf Minuten!«, bat er. »Damit ich noch schnell mein Testament mache!«

»Nichts da!«, schrie der Diener. »In fünf Minuten muss ich dich beim König abliefern, sonst lässt er mich köpfen. Bei dir käm's auf ein paar Minuten nicht an, du musst wahrscheinlich sowieso dran glauben.«

Balthasar Baldrian durfte nicht einmal mehr die Schuhe wechseln. Er konnte nur noch sein Zauberbuch unter den Arm klemmen, und dann lief er in Pantoffeln, wie er war, mit dem Diener zum Schloss.

Der König saß im Saal auf seinem goldenen Sessel. Die Minister standen ihm zur Seite und machten finstere Gesichter.

»Ha!«, brüllte der König dem armen Balthasar Baldrian entgegen. »Du bist also der Zauberer! Der Mann, der alles zaubern kann!«

»Nein«, stammelte Balthasar Baldrian. »Nicht alles, nur ...«

»Kein Widerspruch!«, brüllte der König. »Du behauptest, dass du alles zaubern kannst. Alles! Und ich behaupte, dass du das nicht kannst. Jetzt wollen wir sehen, wer recht hat. Du oder ich, der König! Hahahahaha! «

Man ahnte, dass etwas Böses kommen würde. Aber was?

Voll Mitleid schauten alle, die im Saal waren, auf den Zauberer.

Jetzt kam's. Mit pfiffigem Gesicht deutete der König auf die übel zugerichteten Tapeten rings an der Wand, die einmal so schön gewesen waren. »Mir scheint«, sagte er grinsend, »wir brauchen dringend eine neue Tapete. Du wirst mir jetzt eine prächtige neue Tapete zaubern. Und zwar so, genau so, wie ich sie mir vorstelle! Wetten, dass du das nicht kannst?«

Balthasar Baldrian begann mit zitternden Händen in seinem Zauberbuch zu blättern. Er schlug eine Seite auf, ziemlich weit hinten im Buch. »Und wie«, fragte er, »wie soll die neue Tapete werden? Wieder wie die alte? Oder vielleicht weinrot mit goldenen Ornamenten? Oder grün mit Jagdszenen? Oder silbern mit ...«

»Idiot!«, schrie der König. »Kannst du nicht hören? Ich habe dir doch gesagt: So, wie ich sie mir vorstelle! Genau so!«

»Und wie, wenn ich untertänigst fragen darf, stellt Majestät sich die Tapete vor?«

»Wie?« Der König begann fürchterlich zu lachen. »Hahaha! Das wüsstest du gern, was? Aber das werde ich dir gerade verraten! Hahahahaha! – So, und jetzt zeig deine Kunst! Ich wette, dass du's nicht triffst! Wenn du mir eine Tapete machst, genau so, wie ich sie mir vorstelle, dann kriegst du einen Groschen.« Auf einen Wink des Königs holte der Schatzmeister, der sich unter den Ministern befand, einen Groschen aus seinem Beutel. »Und wenn sie nicht haargenau so wird, wie ich sie mir vorstelle«, fuhr der König mit drohender Stimme fort, »dann – huit!«

Huit! Das war ein scharfer Pfiff. Dabei fuhr der König mit der Hand an seinem Hals entlang.

Der Pfiff war gleichzeitig das Zeichen für den Scharfrichter, der immer hinter einem Vorhang in einem kleinen Nebenraum bereitstand. Dieser trat auch schon hervor, ein großes Beil in der Hand. Ihm folgte sein Gehilfe, der den Richtblock, der Rädchen hatte, hinausschob.

Der Richtblock wurde neben Balthasar Baldrian abgestellt; der Scharfrichter stellte sich dahinter und hob schon das Beil hoch in die Luft, bereit, es niederfallen zu lassen.

Balthasar Baldrian war totenblass geworden. Er starrte auf den Block, auf den er gleich seinen Hals legen sollte. Wie konnte er die Tapete erraten, die der arglistige König sich ausgedacht hatte? Es gibt tausenderlei Tapeten, in vielerlei Farben und mit allen erdenklichen Mustern und Bildern ...

»Na, wird's endlich?«, brüllte der König.

Da kam plötzlich Leben in den erstarrten Zauberer. Er atmete tief auf und begann wieder hastig im Buch zu blättern. Diesmal schlug er eine andere Seite auf, ziemlich weit vorn.

»Hoffentlich triffst du das Richtige«, grinste der König.

»Ich glaube, ja«, sagte der Zauberer zuversichtlich. »Ich werde das Richtige treffen. Genau das Richtige.«

Und dann begann er geheimnisvolle Worte zu murmeln, wobei er abwechselnd ins Buch und auf den boshaft grinsenden König sah.

Balthasar Baldrian hatte zu Ende gelesen und schlug das Buch zu. Ringsum im Saal war es mäuschenstill. Alle Leute sahen auf die Tapete und warteten darauf, dass sie sich verändern würde. Aber was sich veränderte, das war nicht die Tapete, das war der König.

Dieser begann plötzlich zusammenzuschrumpfen. Das Grinsen auf seinem Gesicht verschwand und machte einer erschreckten Miene Platz. Erstaunt sahen alle zu, wie der König kleiner und kleiner wurde und wie sich sein Aussehen veränderte, bis schließlich ein schwarzer Kater auf dem goldenen Sessel saß.

Ungläubig starrten alle auf das struppige, schwarze Tier, das entsetzt um sich blickte. Die Leute konnten es noch nicht fassen. Lange wagte keiner ein Wort zu sagen, bis einer der Minister zu Balthasar Baldrian ging und ihm ins Ohr flüsterte: »Bleibt der so?«

»Das hält vor«, sagte darauf der Zauberer mit lauter Stimme. »Für den Rest seines Lebens!«

Da brach ein ungeheurer Jubel los. Die Menschen lachten und weinten vor Glück, sie umarmten einander und liefen zu Balthasar Baldrian, um ihm zu danken.

Der Scharfrichter aber schlug sein Beil mit solcher Wucht in den Richtblock, dass es kein Mensch je mehr herausziehen konnte. Dieser

Richtblock mit dem Beil wurde später ins Museum geschafft. Dort steht er noch heute.

Die frohe Kunde hatte sich mit Windeseile im ganzen Schloss verbreitet. Aus allen Ecken kamen die Leute gelaufen. Der Minister umarmte den Küchenjungen, die Waschfrau den Kanzler, der Stallknecht den Zeremonienmeister. Der Jubel war grenzenlos.

Der Kater aber saß fauchend auf dem Thron und schlug mit seinen Krallen nach jedem, der ihn vertreiben wollte. Seine Augen funkelten vor Wut, aber alles lachte nur über ihn.

Schließlich kam ein Küchenjunge mit einem Kübel voll Wasser und goss dem Kater den ganzen Schwall geschwind über den Kopf, worauf dieser wie der Blitz vom Thronsessel sprang und auf und davon rannte.

Seither lebt der König, der zum Kater wurde, in einer abgelegenen Gegend, wo er in Schuppen und Scheunen den flinken Mäuslein auflauern muss, damit er nicht verhungert.

Das hat er nun davon.

Kleine Vorstellung

Hört,
liebe Leute,
meinen tollen
Bericht.
Ein Mann,
der eine
saure Zitrone aß,
machte
sooo
ein Gesicht!

Tschüs!

Als wir auf dem Schiff
saßen bei Tisch,
flog mir auf den Teller
ein fliegender Fisch.

»Du lässt dich verspeisen?
Ich danke dir sehr!«
»Tschüs!«, rief der Fisch.
Davon war er.

Nachmittag einer Schlange

Eine Schlange
lag im Wiesenschaumkraut
am Weiher
und machte aus sich selbst
einen Dreier.

Danach
lag sie als Sechser,
als Neuner,
als Null
und zuletzt als Brezel
im Sonnenschein.

Doch als Leute
durch die Gegend schlurften,
schlüpfte die Schlange
ins Wasser
und schwamm zum anderen Ufer.

Dort war sie wieder allein.

Briefwechsel zwischen Erna ...

Sehr geehrtes Nagetier!
An meinem neuen Briefpapier
fehlt seit heute früh, o Schreck,
oben rechts ein großes Eck.
Ach, es war so schön und teuer,
und jetzt ist es reif fürs Feuer.
Ich habe zwar, muss ich gestehen,
den Übeltäter nicht gesehen
(nachts sind meine Augen zu),
doch ich vermute, das warst – du.
Mein Briefpapier brauch ich zum Schreiben,
drum lass solche Scherze bleiben!!!

Wofür sehr verbunden ist
Deine
Erna Apfelkist

... und der Maus

Geschätztes Fräulein Schülerin!
Du meinst, dass ich's gewesen bin?
Da muss ich rufen voll Respekt:
Sag, wie hast du's nur entdeckt?
Denn du hast, das sag ich offen,
den Nagel auf den Kopf getroffen.
Ja, ich war so frech und frei,
von mir stammt die Nagerei.
Ich nagte am Papier voll Kummer,
denn ich hatte schrecklich Hunger.
Hätt ich was Besseres besessen,
hätt ich lieber dies gefressen.
Drum leg in Zukunft Speck daneben,
dann lass ich alles andre leben.
Zehn Gramm Speck für jede Nacht.
Einverstanden? Abgemacht.

Und im Voraus besten Dank!
Pipsi Maus,
wohnhaft unterm Schrank

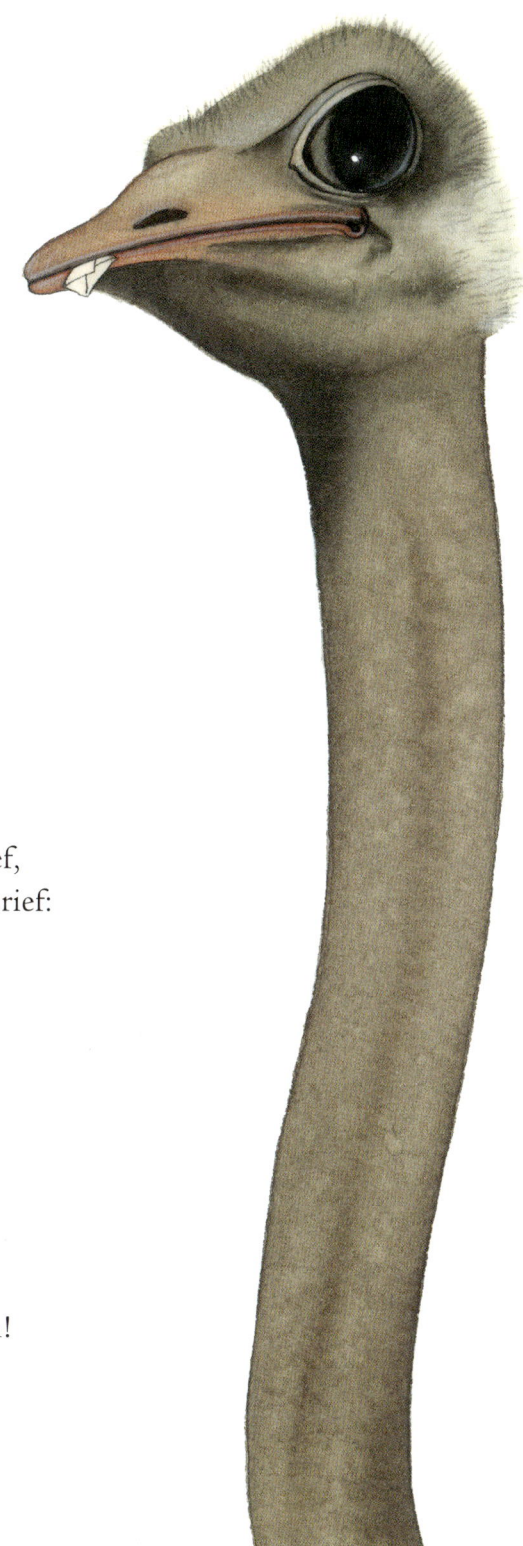

Briefe

Als der Vogel Strauß drauß' lief,
die Maus aus ihrem Haus rausrief:
»Sei so lieb,
bring den Brief,
den ich schrieb,
irgendwem,
der dir gefällt,
irgendwo
auf der Welt.
Doch vergiss nicht,
sag dem Wesen:
Ich mag auch gern Briefe lesen!
Sag ihm ja,
dass es mir
ganz schnell schreiben soll!
Briefe kriegen
find ich toll.«

Begegnung im Herbst

Bläst ein Wind, ein kühler, übers Feld.
Doch wer hat sich dort ins Kraut gestellt?
Einsam steht er, wedelnd mit dem Arm.
Wedle nur, vielleicht wird dir dann warm!

Oder winkt er gar und braucht er Rat?
Über Stoppeln bin ich ihm genaht.
Wollt ihn trösten, aber unterm Rock
schlug kein Herz, stak nur ein dürrer Stock.

Morgens um zwölf

Es war einmal ein Reiter,
der ritt hinauf eine Leiter.
Die Leiter führte nicht weiter.
Sie stand nur in der Luft herum.
Da schauten Ross und Reiter stumm.
Drauf ritt der Reiter kopfunter
drüben wieder hinunter.

Das ist frühmorgens um zwölf geschehn.
Ich hab's mit eigenen Ohren gesehn.

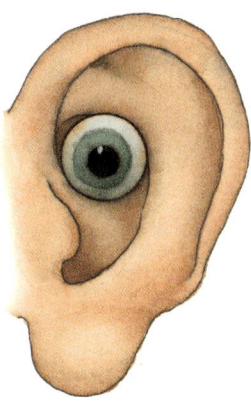

Der wild gewordene Tisch

Ich kannte einen Zauberer,
der war im Zaubern groß,
der zauberte, der zauberte,
der zauberte drauflos.

Der hieb mit seinem Zauberstab
dem Esstisch auf die Platte.
Da fiel dem Esstisch plötzlich ein,
dass er vier Beine hatte.

Er rannte auf den Zauberer los,
der sprang hinaus aufs Feld,
der Tisch ihm nach, der Tisch ihm nach,
rund um die ganze Welt.

Traum

Heut Nacht saß ich im Traume
auf einem Pflaumenbaume.
Die Pflaumen waren blau.
Ich schüttelte die Pflaumen,
da hörte ich: »Au! Au!
Au! Au! Es reicht!« – Ich schau.
Ich schau und schau, schau noch einmal,
da sehe ich, wahrhaftig wahr,
dort unten eine Wichtelschar:
Wichtelmänner, Wichtelfrauen,
Wichtelkinder auch sogar.
Flinke Wesen waren das.
Sie hoben Pflaumen aus dem Gras.
Die großen Wichtel nahmen zwei,
die ganz starken deren drei,
die größern Kinder nahmen eine,
die kleinen Kinder nahmen keine.
Drauf zog die lustige Schar davon,
trippeltripptripp, in Prozession.
Ich sprang – am Boden war ich schon.
Dann schritt ich durch die Gartenwiese
hinter ihnen drein als Riese.
Wo ziehn sie hin?
Vielleicht zum Wald.
Ist eine Burg
ihr Aufenthalt?
Was keiner weiß,
ich weiß es bald.
Auf jeden Fall
wird's interessant.
O, ich war gespannt!
Da lärmt' der Wecker,
leider, ach.
Mit einem Schlag
war ich hellwach.
O Wecker, Schuft, ich könnte dich ...!
Soll ich? Ich tu's lieber nicht.

Zwei Gänse gingen durch den Wald

Zwei Gänse gingen durch den Wald.
Warum? Warum?
Sie taten's halt.

Sie schritten im Moose mit frischem Mut
und sprachen zueinander:
»Hier watschelt sich's gut!«

Sie witschelten, watschelten froh und frei.
Der Fuchs, Hans Flugs, wohnte nahebei.

Der schielte aus seinem Bau
und sagte zu seiner Frau:
»Ich will dir was verraten:
Heute gibt's Gänsebraten.
Morgen gibt es Gänseklein.
Lustig muss das Leben sein!«

Zwei fette Gänse locken.
Der Fuchs macht sich auf die Socken.

Hans Flugs rennt so flugs wie noch nie.
Aha, gleich hat er sie!

Die Gänse fliegen, hui!
Ihm bleibt eine Feder, pfui!

Da schimpfte der Fuchs: »Zu dumm!«,
und dreht sich wieder um.

Davon sind die leckeren Schwestern.
Was gab's bei Fuchsens zu Mittag?
Mäuse wie gestern.

Die Qualle

Siehst du sie schweben im Meer,
die Qualle, auf stiller Fahrt,
staunst du: Dies Schmuckstück lebt,
diese Glocke, durchsichtig, zart!

Rabulan, der Riese

Rabulan, der Riese,
isst so gerne Gemüse.
Er sagt: »Gemüse ist gesund!«,
und verzehrt aus diesem Grund
täglich einen Haselstrauch
und ein Fuder Rüben auch,
einen Kürbis obendrein;
denn er will bei Kräften sein.
Bei Ferdinand und Lieschen
tun's Äpfel, Salat und Radieschen!

Das Fischlein im Weiher

Weißt du, was das Fischlein im Weiher macht,
wenn es Langeweile hat?
Es steht ganz still
im Wasser.
Und nun gib Acht!

Es bläst ein Bläslein aus seinem Mund.
Das trudelt nach oben,
kugelrund,
erst langsam,
dann schneller,
und platzt.

Dann aber schickt das Fischlein
drei, vier und mehr
silberne Bläslein
da hinterher:
Die trudeln geschwind,
wer das Erste sei,
bis sie oben sind.

So macht es das Fischlein im Weiher.
Du meinst, das sei ein seltsamer Brauch?
Aber wenn du ein Fischlein wärst –
du tätest es auch!

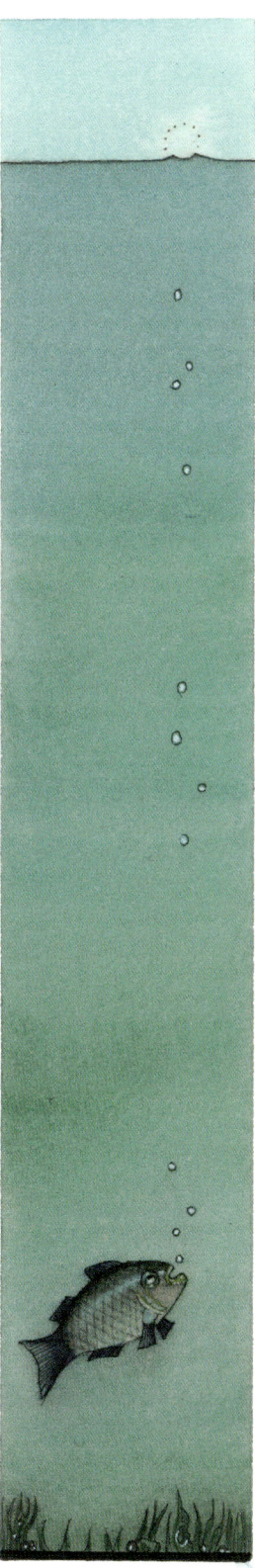

Lügenmärchen

Zwei Schmetterlinge saßen auf einer Blume. Sie leckten ein wenig Zuckerwasser aus roten Blüten, dann rollten sie ihre langen, dünnen Rüssel ein, breiteten ihre prachtvollen Flügel aus und ließen sich von der Sonne bescheinen.

Einmal blickte einer zufällig nach unten. »Schau dir die an!«, rief er. »Wie sie frisst!«

Ein Stockwerk tiefer saß eine Raupe auf einem Blatt.

»Sie frisst und frisst und frisst!«, bestätigte der andere.

Nach einer Viertelstunde sah der erste zufällig wieder nach unten. »Sie frisst noch immer«, sagte er. »He du!«, rief er hinunter. »Schmeckt's?«

»Ja«, sagte die Raupe.

»Wie kann man nur so verfressen sein!«, spottete der Schmetterling. »Fresssack.«

»Fresssack! Fresssack!«, höhnte auch der andere.

»Regt euch ab«, gab die Raupe zurück. »Ihr wart auch einmal Raupen. Und was habt ihr da gemacht? Gefressen, damit Schmetterlinge aus euch wurden! Stimmt's?«

»Frech ist sie auch noch«, sagte der erste Schmetterling.

»Fressen und frech sein, das passt zusammen«, meinte der zweite.

Das ist natürlich ein Lügenmärchen. In Wirklichkeit sagen Schmetterlinge nie ein unfreundliches Wort, weder über Raupen noch über andere Leute. Genauso wenig wie die Menschen. Oder hast du schon einmal gehört, dass einer ein Schimpfwort gebraucht hätte, zum Beispiel ein Autofahrer für einen andern?

Hm?

Schornsteinfegerhut auf Reisen

Der Schornsteinfeger hat einen Hut,
einen Hut, einen Hut, einen schwarzen Hut.
Der Hut ist alt und nicht mehr gut.
Was glaubt ihr, Kinder, was er tut,
der Schornsteinfeger mit dem Hut?

Er setzt ihn dem Bürgermeister auf,
ganz einfach auf die Glatze drauf,
den Hut, den alten, schwarzen Hut.
Was glaubt ihr, Kinder, was er tut,
der Bürgermeister mit dem Hut?

Er setzt ihn einem Gangster auf,
peng, einfach auf den Schädel drauf,
den Hut, den alten, schwarzen Hut.
Was glaubt ihr, Kinder, was er tut,
der Gangster mit dem alten Hut?

Er setzt ihn dem kleinen Erich auf,
bums, einfach auf die Locken drauf,
den alten, viel zu großen Hut.
Was glaubt ihr, Kinder, was er tut,
der Erich mit dem großen Hut?

Er setzt ihn einem Schneemann auf,
zuoberst auf den Schneekopf drauf,
den Hut, den alten, schwarzen Hut.
Ja, schaut nur, Kinder, er steht ihm gut,
dem weißen Mann der schwarze Hut!

Der Held

Ein runder Eisenofen,
ein Ofen, glühend heiß,
der wollte was erleben,
der wagte sich aufs Eis.

Da sprach zu ihm die Krähe,
die in der Nähe war:
»O Lieber, lass das bleiben,
du bringst dich in Gefahr!«

»Ich Mann, gemacht aus Eisen,
ich wag's und tu es doch!«
Was war das End vom Liede?
Im Eis ein rundes Loch.

Die Krähe sprach zur Elster:
»Hier war es, wo er stand –
ein großer Held aus Eisen,
doch fehlte der Verstand.«

Wick

Hinter Idaroberstein,
hör zu und lass dir was sagen,
sitzen drei Zwerge
vor dem Berge
und reden von alten Tagen.

Der erste heißt Schnack,
der zweite heißt Schnick,
der dritte heißt Schnigelschnagelguckgagelzibelzabeldiwick.

Manche Herrn
und gewisse Damen
lernen nie seinen Namen.
Nein.

Aber du,
wenn du ihn triffst,
sagst einfach: »Tag, Wick!
Weißt du mir einen Edelstein?«
Dann schenkt er dir ein schönes Stück.

So ein Kerl ist
Schnigelschnagelguckgagelzibelzabeldiwick!

Früh im Wald

Erste Morgenzeit.
Im Wald die Vögel singen
noch & noch & noch.

Kilometerweit
keine Menschenseele.
Meine aber doch.

Zeitgemäßer Trostspruch für einen
zu Tode Betrübten

O du, der du die Delle
an deinem Opel beklagst!
Der du überhaupt
nicht mehr leben magst!

Der du »Du Depp!«
zu dem Baum da sagst!
Ihn gar »Scheißkerl!«
zu nennen wagst:

Mann, steig vom Gas!
Sei ein Mann,
der sich trotz Delle freuen kann
an irgendwas.

Woran du dich freust (trotz alledem),
das ist dein.
Bedenk es.
Steig ein!

Fahre hin!
Doch fahr sacht
fortan um die Kurven
(du weißt, wie man's macht).

Ein Riese warf einen Stein

Ein Riese
warf einen Stein.
Gänge und viele Zimmer stürzten ein.
Hunderte brachen ein Bein.
Zwei Dutzend brachen das Genick.
Andere hatten Glück.
Der Stein
hatte wie eine Bombe eingeschlagen.
Zusammengebrochen
ist das Werk vieler Wochen.
Doch schon rennen Tausende herbei.
Tote werden weggetragen.
Man zieht, man zerrt, schleppt Trümmer,
baut neu:
neue Gänge,
neue Zimmer.
Doch im Getümmel
hört man da und dort einen sagen:
Solch ein Lümmel!
Wer war der Verbrecher?
Wer?
Ein Junge.
Was dachte sich der?
Nicht viel.
Er warf nur zum Spiel
den Stein
auf den Ameisenhaufen.

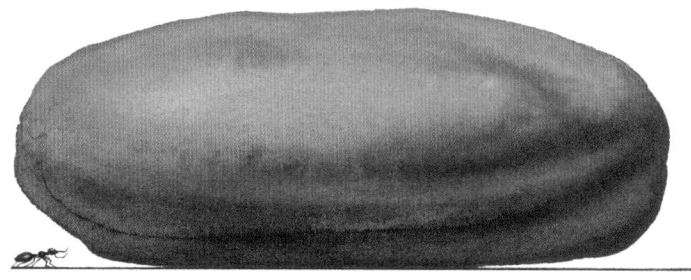

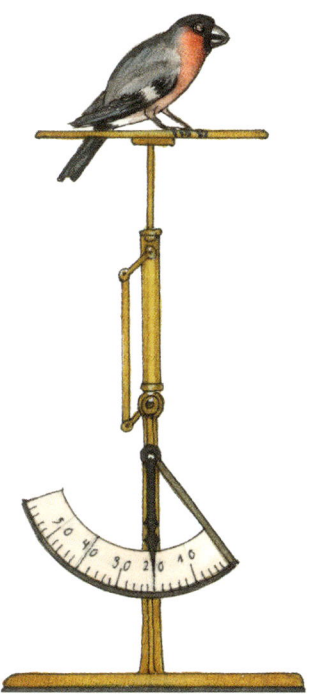

Wie viel wiegt ein Fink?

Ich schrieb einen Brief
nach Amsterdam.
Er hat gewogen
zwanzig Gramm.

Da kam geflogen
zum Fenster herein
ein Fink.
Der sagte: »Pink!
Ich möchte auch gewogen sein.«
Schwups, saß er auf der Waage.

»Was«, rief ich, »du Wicht,
nicht mehr als mein Brief
ist dein ganzes Gewicht?«

»Ach«, meinte der Fink,
»mehr brauche ich nicht.
Denn wäre ich schwer,
könnte ich nicht
fliegen so flink.
Pink!«

53

So kam's

Schauerlich ist die Geschichte
und unglaublich außerdem.
Ich berichte
sie trotzdem.

Hast du jenen Herrn gekannt,
der beständig Pfeife rauchte,
weil er sie
zum Denken brauchte?
Fuxlux hieß er,
und er war
Detektiv
(Pfeife, klar!).
Unermüdlich streifte er
durch die Gassen, durchs Gelände,
um sich blickend, ob er nicht
irgendwas Verdächt'ges fände.
Gewandet ganz wie
Wandersleute
strich er durch den
Stadtwald heute.
Eine Tüte in der Hand,
ging er zwischen Fichten, Buchen,
tat, als tät er
Pilze suchen.
Ging und spähte
um sich her.
Und stutzte. – Was
entdeckte er?
Versteckt im Farnkraut
ein Papier!
(Entgangen wär es
dir und mir!)
Er bückte sich.
Ein Zettel war es.
Auf diesem stand

recht Sonderbares.
Ein Sprüchlein,
höchst geheimnisvoll,
aus siebzehn Wörtern,
fremd und toll.

Doch unter diesen
Wunderwesen
stand warnend dieses
klar zu lesen:

»Den Spruch lies nie
von hinten rein!
Tu's nicht! Tu's ja nicht!
Lass das sein!«

Du willst, ich soll
den Spruch dir sagen?
Ich kenne dich!
Ich kann's nicht wagen!
Denn wer ihn liest
verkehrterweise,
den Spruch, wird alsogleich
– Ameise.
Wie er's erlebte,
der Erwähnte!
Der seine Neugier
nie bezähmte.
Seh ich die Ameisen,
die kleinen,
eifrig hastend
auf sechs Beinen,
frag ich mich oft:
War die dort, war
sie Detektiv?
War's jene gar?
Die Neugier, ach,
ließ ihn nicht ruhn.
Fichtennadeln
schleppt er nun.

Weinen und Lachen

In einer Schüssel lagen
eine Karotte und zwei Mandarinen,
eine Banane und vier Rosinen.
Ein Weinen war das, ein Klagen,
nicht zu ertragen!

Was ist da zu tun? Was machen wir?
Die vier Rosinen verspeisen wir.
Die Banane legen wir so.
Ja du, jetzt schaust du froh!

Im Kahn

Da sitze ich in einem Kahn
und schaue den blauen Himmel an –
den Himmel rings um mich, den blauen.

Über den tiefblauen Wolken im See
gleiten Wolken, weiß wie der Schnee.
Man möchte ewig so schauen.

Da taucht jäh empor und lacht mich an
ein bärtiger, tropfnasser Wassermann.
Gleich ist er wieder versunken.

War es geträumt? Oder war es das nicht?
Inmitten von Blau und glitzerndem Licht
von Glück bin ich wie trunken.

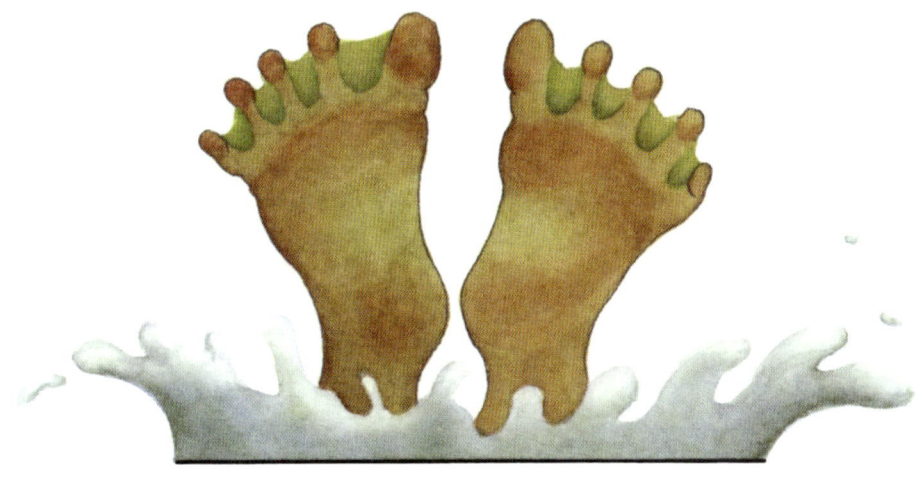

Die kleine freche Maus

s war einmal eine kleine freche Maus,
die traute sich allerlei.
Die stellte einem Elefanten ein Bein.
Der schlug gleich einen Purzelbaum.
Einen Purzelbaum und noch zwei hinterdrein,
macht zusammen drei.

Und als der Elefant dann rief:
»Wer war das? Wer traute sich?«,
rief die kleine freche Maus:
»Dicker, das war ich!«

Solche Sachen,
man glaubt es kaum,
trieb die kleine Maus
– im Traum.

Nächtliche Unterhaltung

Wenn einer nachts ans Fenster klopft
in irgendeinem obern Stock,
ist es, wie du weißt,
meist
ein Geist.
Lass ihn nicht zu lange klopfen,
mach ihm auf,
sprich mit ihm,
frag ihn, wie er heißt,
frag ihn auch, was er so treibt,
frage ihn, woher er kommt
und wohin er reist.
Erzähl auch du ihm allerlei –
er erzählt noch mehr!
So ein kleines Plauderstündchen
schätzt er nämlich sehr.
Wenn er schließlich weitermuss,
weiter in die Ferne,
sag, dass er dir schreiben soll
ab und zu
einen schönen Gruselgruß.
Glaub, er tut es gerne.

Es sitzt ein Mann auf einem Stuhl

Es sitzt ein Mann auf einem Stuhl
und nimmt ein Fußbad, das tut gut.
Er liest ein Buch am großen Meer.
Ebbe war's. Nun kommt die Flut.

Das Meer steigt seine Waden hoch,
erreicht das Knie – jetzt seine Hand.
Der Mann blickt in das Buch und liest.
Wie geht es aus? Er ist gespannt.

Da wackelt, fängt zu tanzen an,
verschwimmt die Schrift vor seinem Blick.
Er starrt, begreift – mit einem Schlag
ist aus der Buchwelt er zurück.

Was ist der Mensch? Ein Wicht. Das Meer
vertreibt er nicht mit einem Fluch.
Drum tritt der Mann den Rückzug an,
verlässt die Flut mit Stuhl und Buch.

Auf eine Düne steigt er und
liest weiter dort, am sichern Ort.
Sind auch die Seiten klatschenass:
Sie fesseln ihn. Er ist weit fort.

Die Sonne scheint, so gut sie kann,
und trocknet beide, Buch und Mann.

Was ist das für ein Vogelei?

Es war an einem schönen Tag im Mai. Die Bäume blühten. Gudrun, Rolf und Gisela spielten Fangen im Garten. Plötzlich rief Gisela: »Ich hab was gefunden!«

Sie stand unter einem uralten Birnbaum, der oben schon einige Löcher im Stamm hatte, und starrte ins Gras. Da lagen hübsche Vogeleierschalen. Sie waren hellblau, ohne Tupfen oder Sprenkel.

»Von wem mögen die Eier sein?«, fragte Gudrun.

»Von einer Meise sind sie bestimmt nicht«, sagte Rolf, »dafür sind sie zu groß.«

»Ich weiß es«, sagte Gisela und sah am Birnbaum hinauf. Oben flog gerade ein Vogel aus einem Loch.

Weißt du es auch? Welcher Vogel legt die einfarbigen hellblauen Eier, von denen man oft die Schalen im Garten findet? Wenn du es nicht weißt, lies die Geschichte noch einmal durch: In einem Wort ist der Vogel versteckt!

In »starrte« steckt der Star. Der Star nistet in Baumlöchern und in künstlichen Höhlen, die ihm der Mensch baut.

62

Nächtliches Theater

Wir wollen schlafen,
da tut sich was draußen.
Aus dem Bett, ans Fenster!
Welch Kreischen, zum Grausen!

Zwei Todfeinde sind
aneinandergeraten,
zwei Kater, entschlossen
zu schrecklichen Taten!

Sie fauchen sich an,
geduckt zum Sprung.
Ich und du
sind Publikum.

Sie springen
aufeinander los!
Die Vorstellung
ist kostenlos.

Herr Matz und die Katze

Als Herr Matz
die Katze
von ihrem Platze
auf der Matratze
vertrieb,
beschloss die Katze,
vor Wut am Platzen,
Herrn Matz
zu besteigen
und ihm mit der Tatze
die Glatze
zu zerkratzen.
Doch ließ sie es bleiben
und war lieber lieb.

Mister Harry

Ein Herr in London gab Gas.
Die Ampel war rot.
Ach was!
Mister Harry machte es Spaß.
Er schonte heute die Bremse.
Und zischte in die Themse.

Der Hase

Schau nur an, dort läuft er,
er hoppelt, was er kann.
Der Hase, der Hase,
was ist das für ein Mann?

Das ist ein Mann, der gar nichts weiß.
Er haust im weiten Feld.
Er kann nicht lesen, sieht nicht fern.
Er hat keinen Pfennig Geld.

Der Mensch ist Gott. Der Hase
ein dummer Hase nur.
Ja, mach nur Männchen, schau dich um!
Bereinigt ist die Flur.

Die Menschen und Maschinen,
was sie dir übrig ließen:
Krank machen dich die Kräutlein,
die da und dort noch sprießen.

Wer Geld hat, darf dich schießen.

Die Sonnenuhr

Ich weiß einen eisernen Stab,
er ragt aus der Wand ein Stück weit.
Darunter sind Zahlen gemalt,
drauf zeigt die Sonne die Zeit.

Doch tut sie das nur nebenher,
sie macht ja noch tausendmal mehr.

Wenn sie nicht wär, wie säh's aus
auf Erden? O Gräuel und Graus,
ewig kalt, ewig Nacht, menschenleer
wär's hier, wenn die Sonne nicht wär.

Einst

Es stand eine Mühle im grünen Tal
am flinken Bach; das war einmal.
Das morsche Mühlrad erzählt es noch.
Ihre Zeit war um. Schad ist es doch.

Von der Burg, die stolz auf dem Felsen stand,
schauen noch Mauerreste ins Land.
Hier hausten einst Ritter, harte Herrn.
Tot sind sie längst, wir vermissen sie gern.

Warum die Enten breite Schnäbel haben

Wenn die Ixebixe nicht gewesen wäre, hätten die Enten noch ein Schnäbelein, wie die Amseln, so fein. Aber nein. Ixebixe konnte es nicht lassen. Ixebixe, die kecke, kleine Wassernixe mit dem Himmelsfahrtsnäschen, Ixebixe im Ententeich.

Wie oft hatte Papa Bonifax, der Wassermann, schon gequakst! Und heute quakste er wieder: »Ixebixe, mach dir aus dem grünen Schlingschlangdingsda mit den weißen Blumen eine schöne Kette! Oder spiel Fangen mit den netten, fetten Kulleraugenkarpfen. Aber zieh nicht wieder die Enten an den Zehen! Die Enten mögen das gar nicht. Und ihre Zehen sind schon ganz flach geworden.«

»Ich werde es gewiss nie wieder tun!«, gickste Ixebixe.

Aber was war? Keine Woche verging. Keine sechs Tage vergingen. Fünf Tage vergehen. Da sieht Ixebixe, wie sie unten im Wasser schwimmt und nach oben guckt, alle Enten des Ententeichs versammelt. Eine Ente hatte Geburtstag, und da waren alle anderen gekommen, um zur Feier des Tages ein gemütliches Schwätzchen zu halten. Da sitzen sie nun alle auf dem Wasser, plaudern und lassen die Beine nach unten baumeln. Und denken an nichts Arges.

Doch was tut Ixebixe, die kecke, kleine Wassernixe mit dem Himmelfahrtsnäschen? Sie schwimmt hinauf, heimlich und leise, und zieht geschwind die ahnungslosen Enten an den Zehen!

Das war ein Ui! Das war eine Empörung!

Die erste Ente rief: »Unglaublich! Mir fehlen die Worte!«

Die zweite Ente rief: »Diese Schlimme! Sie war's wieder!«

Die dritte Ente rief: »Das sollst du, Ixebixe, büßen!«

Das riefen sie natürlich nicht schön der Reihe nach, sondern alle zugleich. Es hörte sich daher so an: »Unglaublich diese das mir Schlimme sollst fehlen sie du die war's Ixebixe Worte wieder büßen!!!«

Aber es riefen ja nicht nur diese drei, sondern es riefen auch alle anderen Enten. Wie sich das Gezeter von allen zugleich anhörte, das freilich ist nicht zu beschreiben. Die erste Ente hatte behauptet, ihr fehlten die Worte. Das hatte sie nur so gesagt. In Wirklichkeit fehlten ihr die

Worte ganz und gar nicht. Nein, ihr fiel in einem fort Neues über die kecke, kleine Ixebixe ein. Und auch alle anderen Enten hörten nicht auf, über Ixebixe zu schimpfen. Und sie schimpften so lange, bis sie alle ganz breite Schnäbel hatten.

Klavier, Klafünf, Klasieben

Wir haben ein Klavier,
auf diesem spielt ein Tier.
Es spielt darauf die Ente,
sie tut, als ob sie's könnte.

Du sollst dich nicht betrüben,
Klavier, Klafünf, Klasieben:
Lass die Ente Ilsebill
auf dir watscheln, wie sie will,
heute am ersten April!

Liebeserklärung

Denk dir ein lila Haus und auch
links einen lila Fliederstrauch.
Im Haus sitzt eine lila Frau
auf einem lila Stuhl, und schau,
sie strickt an einem lila Schal,
an dem strickt sie schon siebzehn Jahr.
Der Schal, ganz lila und sehr lang,
er füllt schon Oberstock samt Gang,
füllt lila Stiege, Zimmer, Flur.
Ihr blieb ein winzig Plätzlein nur.
Die lila Frau, bald zieht sie aus,
dann sitzt sie vor dem lila Haus,
sitzt unterm lila Strauch und strickt,
strickt li-la-li. Wer sie erblickt,
der sagt ... Was kümmert's dich und mich?
Genug von li-la! Ich, ich, ich ...
Es muss heraus: Ich liebe dich!

Mein weißes Kaninchen

Mir träumte heut Nacht – was einem
im Traum so passieren kann! –,
es klopfte jemand, es pochte
zaghaft bei mir jemand an.

Vor der Tür stand ein weißes Kaninchen.
Ich sagte: »Willkommen! Tritt ein!«
Und fragte dann, als es vor mir saß:
»Warum schaust du traurig drein?«

»Ganz trostlos bin ich, todtraurig;
das werd ich mein Lebtag nun sein.
Denn Schlimmes ist mir widerfahren.
Doch schuld – schuld bin ich allein.

Ich bin ein verzauberter Zauberer.
Ich sprach, ach, ganz aus Versehn
ein Wörtlein, ein einziges falsches,
da war es auch schon geschehn.

Ein Seidentuch wollt ich verwandeln,
statt diesem traf es nun mich.
Ich war ein Mann, jetzt bin ich ...«
»... ein liebes Tier«, sagte ich.

»Bleib bei mir, ich will für dich sorgen!
Ich streichle dich jeden Tag.
Und ich werde zu knabbern dir geben,
was man als Kaninchen gern mag.«

Da wachte ich auf – gleich schaute
nach meinem Kaninchen ich aus.
Dann wusste ich wieder: Ich träumte.
Seltsam leer schien mir plötzlich das Haus.

Sachensammler

Wenn dir neue Federn wachsen,
denk an mich, Fasan.
Schenk mir deine alten Federn!
Denke aber dran!

Lass sie ja nicht irgendwo
in den Büschen liegen,
denn ich brauch sie unbedingt,
aber nicht zum Fliegen.

Nein, ich bin ein Sachensammler,
und jetzt wirst du lachen:
Was du wegschmeißt, zählt für mich
zu den schönsten Sachen.

Einladung

Es klopft jemand an,
in der Nacht, an das Haus.
Da schaut jemand oben
zum Fenster heraus.
Wer schaut da heraus?
Der jemand bist *du*:
Da unten steht einer
ohne Hut, ohne Schuh.
Da steht er, der Bär,
der pelzige Mann.
»Hallo!«, so ruft er.

Und das sagt er dann:
»Komm herab, komm heraus,
dann werde ich mich bücken
und du – ich bin stark –
steigst mir auf den Rücken.
Dann gehn wir spazieren,
aber weit, weit, weit fort:
zu den Räubern, zu den Wölfen,
an den gruseligsten Ort!
Kommst du mit?«, fragt der Bär.
»Willst du? Nein oder ja?«
Und du? Du da oben –
Was sagst du da?

Nadel und Luftballon

Die Nadel sagte zum Luftballon:
»Du bist rund,
ich bin spitz.
Jetzt machen wir beide
einen Witz.
Ich weiß ein lustiges
Schnettereteng:
Ich mache pick,
und du machst peng!«

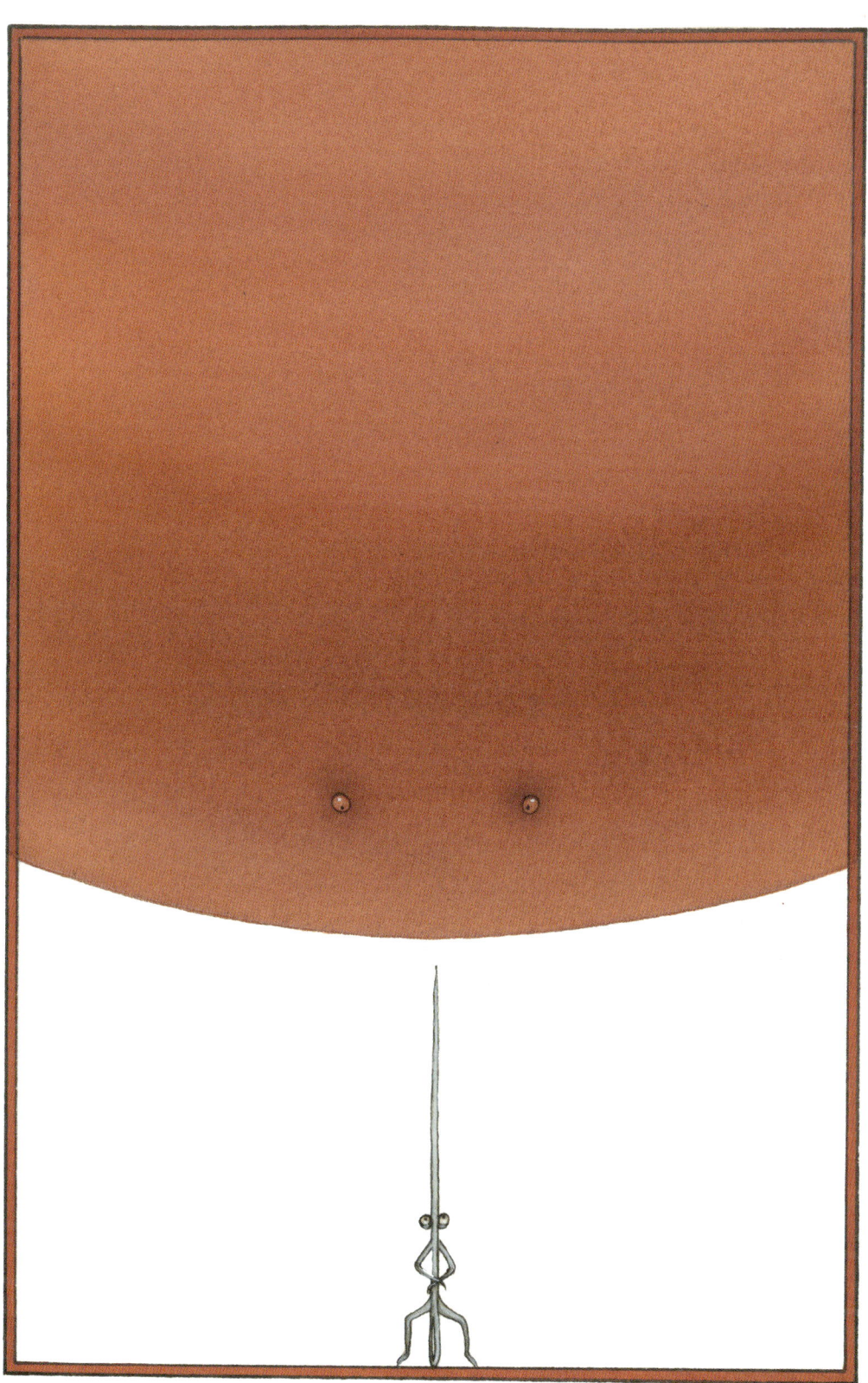

Die Jagd war seine Leidenschaft

Die Jagd war seine Leidenschaft,
sein heißgeliebter Sport.
Er hatte Geld. Oft trieb es ihn
in ferne Länder fort.

Er machte Löwen, Zebras kalt,
der Mann schoss Elch und Bär.
Er legte Elefanten um:
Ein solcher Held war er!

Geweihe, Felle – Jagdtrophäen
schmückten reich sein nobles Heim.
Ein ausgestopfter Kobold sollte
die Krönung dieser Sammlung sein.

Denn Kobolde, gar seltne Wesen,
zeigten sich zur Vollmondzeit
in einer stillen Waldschlucht noch.
Er hörte es und war erfreut.

Die Flinte mit dem Zielfernrohr
unterm Arm, schlich er sich sacht
in die einsam schöne Schlucht.
Friedlich war die Vollmondnacht.

Zwischen Felsenwänden tanzten,
mit Efeuranken grün bekränzt,
Kobolde, halb Menschenwesen,
aber zottig, langgeschwänzt.

Wie sie sprangen, wie sie sangen,
oh, viel fröhlicher als wir!
Wie sie sich zum Spaße balgten!
Der Jäger nahm sie ins Visier.

Das Schießen, das Erschießen,
das ist des Jägers Lust.
Dem Oberkobold zielte er
auf die behaarte Brust.

Er drückt, es kracht, die Kugel saust.
Der Jäger ist ein Schuft.
Der Kobold aber ist ein Geist
und sozusagen Luft.

Die Kugel saust durch ihn hindurch,
ihm hat es nichts gemacht.
Er fällt nicht um, er steht nur da
und lacht und lacht und lacht.

So urgewaltig lacht mit ihm
der ganze Koboldchor:
Man hört's zehn Kilometer weit,
dem Jäger platzt das Ohr. –

Acht Wochen war er taub, jetzt hört
er wieder, aber schlecht.
Das hat er von der Knallerei.
Es geschieht ihm recht.

Lass sehn!

Lass
sehn!
Kannst
du
auf
den
Zehn
stehn
und
zehn
Schritt
auf
den
Zehn
gehn?
Ich
mach's
dir
vor:
So!
So!
So!
So! –
Oh! Aus.

Besuch von weit her

Von alleine
kommen sie kaum.
Wie lockt man sie
aus dem Raum,
dass sie im Garten
sich niederlassen,
die scheuen
fliegenden Untertassen?

Das wär was,
ließ eine sich nieder
hinterm Haus
zwischen Kirschbaum
und Flieder!
Grüne Männlein
steigen heraus,
die laden wir ein
in das Haus.

Kuchen
wird aufgetragen.
Und hundertmal
werden wir sagen:
»Wir wollen euch
nicht zu sehr plagen,
aber eins
müssen wir euch noch fragen!«

Der große Mann

Es war einmal ein großer Mann,
der fing wie wir am Boden an,
doch ging zu Ende dieser Mann
erst ganz hoch oben irgendwann.

Sein Kopf war voller Beulen.
Er sprach: »Es ist zum Heulen,
andauernd stoß ich armer Mann
an Sonne, Mond und Sternen an!«

Doch sonst
war nichts Besondres dran
an diesem Herrn,
dem großen Mann.

Eine Fliegengeschichte

Hört, was ich berichte:
eine Fliegengeschichte.
Eine Geschichte und keine Lüge,
und sogar von einer Fliege.
Die setzte sich auf das Tintenfass,
machte ihre ein, zwei, drei,
vier, fünf, sechs Beine nass,
flog dann zum Spaß
auf das Briefpapier
und schrieb dort mir:

Auf diesem Fleck,
auf diesem Fleck
saß ich, die Fliege Zezedeck.

Adam Riese hat ein wunderbares Buch

Adam Riese hat ein wunderbares Buch,
in dem Buch sind tausend leere Seiten.
Auf die erste Seite malt er Beduinen,
Beduinen, welche durch die Wüste reiten!

An der Wüste ist nicht viel zu malen
als ein langer, ganz gerader Strich.
Doch die Beduinen haben schöne Pferde
und sie selber blicken fürchterlich.

Die Beduinen tragen Lanzen, Säbel, Flinten.
Darum nimmt der Vogel Strauß Reißaus.
Dieser sieht mit seinen langen Beinen
und dem langen Halse seltsam aus.

Adam Riese malt mit großer Liebe;
morgen kommt die zweite Seite dran.
Vor ihm liegen noch 999 Seiten
wie ein herrlich weiter Ozean.

Sieben unterwegs

Sieben
saßen auf einem Pferd,
kleine, fröhliche Reiter.
Fragte man sie:
»Wo reitet ihr hin?«,
riefen sie: »Immer weiter!«

Weiter,
weiter,
weiter!
Weiter in die weite Welt!

Liegt ein Haufen Heu im Feld.

Das Pferd denkt:
»Soll ich drum herum?
Nein, es muss doch glücken!«
Und macht einen kühnen Sprung.
Die sieben Reiter purzeln
alle von seinem Rücken.

Da wiehert das Pferd
einen letzten Gruß
und trabt allein in die Ferne.
Die sieben ziehen weiter zu Fuß.
Auch das ist schön;
sie tun's gerne.

Vielleicht siehst du sie wandern,
einen
hinterm
andern.
Dann sag: »Tag, ihr Lieben!«

»Tag!«
»Tag!«
»Tag!«
»Tag!«
»Tag!«
»Tag!«
»Tag!«,
rufen drauf die sieben.

Warnung

Necke nicht
das Untier in Loch Ness!
Aus dem Wasser kreucht es,
den Tankwart verscheucht es,
das ganze Benzin säuft es.
Dann läuft es dir nach mit 180 PS,
das Untier aus Loch Ness.

Wie ihr wollt!

Es war einmal ein Prinz ...

Ihr glaubt mir doch hoffentlich? Oder? Sonst höre ich gleich auf.

Wie gesagt, es war einmal ein König ... Wie bitte, was habe ich vorhin behauptet? Na und! Inzwischen ist er eben König geworden, das ging ganz flink damals; heutzutage bringt's unsereins kaum zum Prinzen.

Und dieser Kaiser – Kaiser ist er natürlich auch noch geworden –, dieser Kaiser trug jahraus, jahrein nur offene Sandalen. Warum? Na, warum wohl? Dreimal dürft ihr raten. – Damit man die schönen Ringe an seinen Zehen sehen konnte, natürlich. Da hättet ihr auch selbst drauf kommen können. An jedem Zeh steckte ein Ring und jeder Ring trug einen dicken Edelstein. Da der Kaiser zehn Zehen hatte (er bedauerte oft, dass er nicht mehr besaß), waren es zehn Edelsteine. Von diesen Edelsteinen hatte jeder einen anderen Namen. Sie hießen: Topas, Saphir, Türkis, Granat, Smaragd, Rubin, Aquamarin, Diamant, Opal und Lapislazuli. Den Leuten und besonders den Kindern, die sich mit Edelsteinen nicht so gut auskannten, erklärte er gern, welcher welcher war.

Er war da nicht so.

Und als der Kaiser einmal Geburtstag hatte, da machte er zur Feier des Tages eine Seefahrt mit einem bunt lackierten, frisch polierten, mit hundert Girlanden und tausend Fähnlein verzierten Schiff.

Es waren natürlich eine Masse Leute mit auf dem Schiff: Köche, Kellnerinnen, Musikanten, Fabrikanten, Matrosen, Briefträger, Fliesenleger, Doktoren, Professoren, Buchdrucker, Sterngucker, Brautpaare, Bauchredner, Schlagersänger, Ober-, Unter-, Mittelschüler und -rinnen (davon jede Menge) sowie viele, viele andere, alles bunt durcheinander. Im Ganzen waren es 999 Personen. Und für die 999 Leute waren 999 Rettungsringe aufgehängt, 998 gewöhnliche aus Kork und einer aus massivem Gold, der war für – den Kaiser, na klar, da seid ihr auch drauf gekommen. Aber was ihr nicht wisst: Den goldenen Rettungsring hatten die Einwohner des Landes dem Kaiser eigens zum Geburtstag gestiftet, und damit sie das viele Geld zusammenkriegten, hatten sie alle drei Tage lang gefastet; ja, meine Lieben, so was gab's damals noch.

Und da wurde nun gegessen und getrunken und alle zehn Minuten ließ man den Kaiser hochleben.

Die Musik spielte und alle möglichen Unterhaltungskünstler versetzten die Leute in Begeisterung.

Ein Pudel, der Mundharmonika spielen konnte, war auch mit an Bord, und als der eben »Fuchs, du hast die Gans gestohlen ...« spielte, fingen die Leute auf dem frisch polierten Schiff plötzlich an, abwechselnd nach backbord (links) und steuerbord (rechts) zu rutschen.

Und wie sie alle so rutschten, fand zwischen dem Kaiser und dem Kapitän folgendes Gespräch statt:

Backbord. Kaiser: »Lustig! Prima hingekriegt. Bekommt einen Orden.«

Steuerbord. Kapitän: »Nicht lustig. Sturm original.«

Backbord. Kaiser: »Darf der das?«

Steuerbord. Kapitän: »Tut.«

Backbord. Kaiser: »Noch lange?«

Steuerbord. Kapitän: »Hm. – Entweder hört auf ...«

Backbord. Kaiser: »Dann?«

Steuerbord. Kapitän: »Okay.«

Backbord. Kaiser: »Oder?«

Steuerbord. Kapitän: »Wird Orkan.«

Backbord. Kaiser: »Dann?«

Steuerbord. Kapitän: »Schmeißt Schiff um wie nix.«

Jetzt wurden die Rettungsringe verteilt. Das war bei dem Seegang nicht einfach, aber am Ende hatte jeder einen und der Kaiser den seinen.

Und nun, meine Lieben, frage ich euch: Wie soll's weitergehen? In wichtigen Fragen lasse ich meine Zuhörer stets mitbestimmen. Für was seid ihr? Für Windstille oder Orkan? Die Entscheidung liegt ganz bei euch. Gleich wollen wir abstimmen. – Aber bedenkt: Bei Windstille fährt das Schiff heim in den Hafen und alles ist aus. Falls ihr euch aber für Orkan entscheidet, dann sitzt der Kaiser heute auf dem Grund,

den goldenen Rettungsring um den Bauch. Und dann können wir in den Ferien tauchen und ihn uns anschauen. Das hat auch was für sich. Also: Ganz wie ihr wollt!

Aber der Pudel? Der Arme hatte keinen Rettungsring? – Um den macht euch keine Sorgen! Der war der Einzige an Bord, der schwimmen konnte. Und bis zum Ufer war es nicht weit.

Die vergesslichen Räuber

Sieben riesige Räuber
zogen sieben
riesige Jacken an.
Sieben riesige Räuber
schlüpften in sieben riesige Socken
und in sieben riesige Stiefel
und setzten sieben riesige Hüte auf.

Sieben riesige Räuber
schnallten sieben riesige Gürtel
mit sieben riesigen Säbeln um.
Sieben riesige Räuber
humpelten durch den Wald,
aber nicht weit,
dann machten sie halt.
Sie riefen: »Zu dumm!«
Und kehrten wieder um.

Sieben riesige Räuber
humpelten wieder nach Haus.
Sieben riesige Socken
und sieben riesige Stiefel
reichen für sieben riesige Räuber nicht aus.

Sonnenuntergang

Stumme Feier. Glühend rot
sinkt die Sonne dieses Tages
auf den nahen Hügelrücken.

Sie berührt den Hügel. – Da
huscht ein eiliges Insekt,
naht von rechts heran ein Radler.

Zierlich, dunkel naht er, taucht
in die runde rote Freude,
ist mittendrin, kommt links hervor.

Kommt hervor und radelt fort,
radelt heim und weiß es nicht,
dass er durch die Sonne ritt.

Am Weiher

Am Weiher stehn wir leicht gebückt,
es nieselt auf uns beide.
Wir sehn auf den Grausilbersee,
ich und die Trauerweide.

Ist traurig sie? Ich bin es auch.
Wir stehn und schaun und lauschen.
Das Wasser blinkt. – Wie viel da singt
im feinen Regenrauschen.

Anruf am Abend

»Gottlob, alle Fischlein schlafen schon«,
sagte einer abends am Telefon.

Ich fragte: »Was, Fischlein? Sind es die Ihren?«
Er sagte: »Wozu sie verzieren?
Sie schlafen alle im Schlingpflanzenzimmer.
Nur der kleinste, das ist so ein Schlimmer.«

Ich fragte: »Wer sind Sie selber?«
Er sagte: »Wieso ein gelber?
So einen hab ich nicht einen.
Es sind lauter silberne, die meinen.«

Ich fragte: »Kann ich sie sehn?«
Er sagte: »Wie kommen Sie auf zehn?
Ich will's Ihnen sagen – jetzt sind Sie verwundert –,
eines ging hops, mit dem waren's hundert.«

Ich fragte: »Wo wohnen Sie?«
Er sagte: »Bohnen? Essen wir nie.
Morgen gibt's Kaulquappenzappelsalat.
Delikat,
das kann ich schwören!
Wollen Sie kommen?«

Ich sagte: »Danke, auf Wiederhören!«

Wer kriegt den Apfel?

Übern Graben geht er.
Da macht er Rast. Jetzt steht er.
Die eine Hälfte ist drüben,
die andre noch herüben.

Freund, hast du einen Apfel
zufällig in der Hand:
Schenke ihn dem ELE,
gib ihn nicht dem FANT!

Spuren

Auf der Wiese
hin und her
steht es geschrieben
kreuz und quer:

Hier ging ein Mensch!
Hier ging ein Reh!
Hier lief ein Fuchs!
Hier sprang ein Hase!

Was du nicht siehst,
was ich nicht seh,
liest der Hund
mit seiner Nase.

Runde Sachen

Mohnkorn,
Kirschkern,
Kastanie,
Knödel,
Kegelkugel und
Kürbis
sind rund.

Kugelrund
ist die Erde,
ein herrlicher Ball;
rund um die Sonne
trägt sie uns
durchs All.

Ohne uns

Wir alle beide,
ich und du,
hielten uns die Ohren zu,
damals:
beim Urknall!
Weißt du es noch?

Weißt du es aber doch
nicht mehr,
kommt das – vielleicht –
daher,
dass wir noch nicht anwesend waren.
Damals,
vor Milliarden Jahren.

Ach, seither
durfte noch manches geschehn
– ohne uns beide.
Kannst du das verstehn?

Dick und dünn

Schau dort dieses ungeheure Vieh!
Wie es dasteht, dieses Nilpferd, sieh!
Wie von unsereinem ein Verein,
so viel Platz braucht es für sich allein.
Wie es nur, so kolossal zu sein, sich traut!
Ach, ein Nilpferd wohnt in einer dicken Haut!

Und
hier
steh
dünn
ich
Reh.

Weberknecht

»Weberknecht an der Wand,
du wanderst so elegant!
Acht Beine mit federndem Schritt!
Du selber wippst in der Mitt'!

Acht Beine – Beine so lang,
so lang, da wird uns gleich bang,
dass mal eines abbrechen kann.
Und wenn das passiert – was dann?«

»Wenn das passiert, ihr Lieben,
dann habe ich bloß noch sieben.
Doch dann mach ich noch lang kein Geschrei –
es gibt Leute, die haben bloß zwei!«

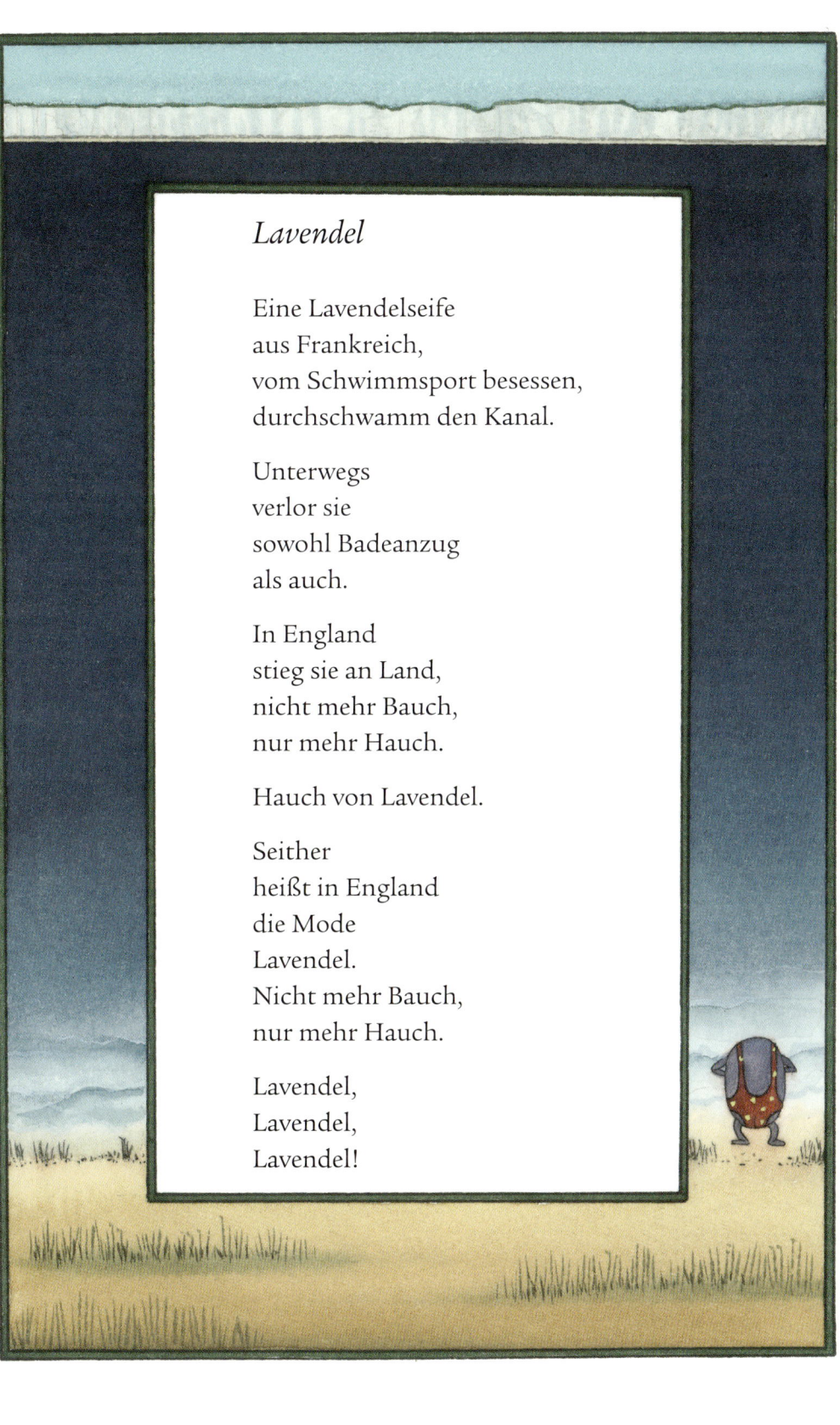

Lavendel

Eine Lavendelseife
aus Frankreich,
vom Schwimmsport besessen,
durchschwamm den Kanal.

Unterwegs
verlor sie
sowohl Badeanzug
als auch.

In England
stieg sie an Land,
nicht mehr Bauch,
nur mehr Hauch.

Hauch von Lavendel.

Seither
heißt in England
die Mode
Lavendel.
Nicht mehr Bauch,
nur mehr Hauch.

Lavendel,
Lavendel,
Lavendel!

Ein älterer Herr in Hagen

Ein älterer Herr in Hagen
konnte keine Gabeln vertragen.
Er aß weder Bienen noch Rosen,
noch Brillen, noch Jucksalbendosen.
Sonst weiß ich nichts zu sagen
über den Opa in Hagen.

Sag's nach!

Als Rosmarie eine Rose brach
und als ihr ein Dorn in den Finger stach,
gab ich ein Pflaster der jungen Frau.
Das tat ich. Jetzt sag ich's noch einmal genau.

Pass auf und sag's nach,
was ich getan hab:
Ich bin der, der der, die die Rose pflückte,
ein Pflaster gab.

Die Tür

Da gab's einen Maler, Mathias hieß er. Mathias, der Maler, malte Gebirgslandschaften.

Er malte blühende Almwiesen, einsame Bergwälder, großartige Wasserfälle, stille Bergdörfer, verträumte Bergseen. Und über allem ragten die Gipfel der Berge in den Himmel, an dem die Adler ihre Kreise zogen. Die Leute kauften seine Bilder gern. Mit ihnen holten sie sich Weite und Stille, das Glück einer herrlichen, unberührten Natur ins Zimmer.

Mathias war oft in den Bergen gewesen und hatte viele Skizzen von dort mitgebracht. Aber nun kam er immer verdrossener aus den Bergen zurück. Und wenn er seine Bilder malte, tat er es mit schlechtem Gewissen. Die einsamen Bergwälder, die er malte, waren in Wirklichkeit längst von Straßen zerschnitten. Das stille Bergdorf auf seinem Bild – vielleicht hatte es vor hundert Jahren so ausgesehen; längst war es von Hotels, Parkplätzen, Tankstellen, Andenkenläden entstellt. Aber seine Käufer wollten den ganzen Rummel nicht auch noch auf dem Bild, und so hatte er ihn weggelassen.

Und nun hatte er wieder ein Bild vollendet; seufzend legte er Pinsel und Palette beiseite. Am Fuße eines Berges, dessen Gipfel das Morgenrot verklärte, saß auf einer sturmzerzausten, flechtenbehangenen Tanne ein balzender Auerhahn mit gerecktem Hals und gefächertem Schwanz. Die Umrisse des Berges stimmten noch, aber der gewaltige Vogel war längst für immer aus der Gegend verscheucht; und hier, wo auf dem Bild die zerzauste Tanne stand, führte seit Jahren in einer breiten Schneise eine Seilbahn zu dem Berghotel auf dem Gipfel.

Am anderen Morgen stand Mathias, der Maler, lange ratlos vor der leeren Leinwand auf der Staffelei. Schließlich begann er zu malen. Heute wollte er etwas ganz anderes malen, nur für sich selbst, etwas ganz Einfaches, Alltägliches.

Er malte eine Tür.

Nichts als eine alte, hölzerne Haustür über einer ausgetretenen, steinernen Schwelle. Seit langem hatte er nicht mehr solches Glück beim Malen empfunden wie heute.

Als das Bild fertig war, lehnte er es neben den Auerhahn an die Wand. Der balzende Auerhahn fand bald einen Liebhaber, und auch die Gemälde, die später entstanden, gingen rasch aus dem Haus. Die alte Haustür aber würdigte kein Besucher eines Blickes. Doch dem Maler selbst wurde dieses Bild immer lieber. Oft stand er des Abends davor. Eine Tür, dachte er. Wohin mag sie führen? Zu welchen Zimmern? Zu welchen Menschen? Vielleicht zu einem Mann, der einem zeigt, was er gesammelt hat, und mit dem man Schach spielen kann? Vielleicht zu Kindern, die einem zeigen, was sie gebastelt haben, und die betteln: Erzähl uns eine Geschichte! Vielleicht zu einem Kranken, zu dem man sich ans Bett setzen kann. Zu Menschen mit Schicksalen, mit Freuden, Sorgen, Hoffnungen …

Eines Abends, als er wieder vor der Tür stand, klopfte er an. Da tat die Tür sich auf, und eine Stimme sagte: »Willkommen! Tritt ein!«

Neujahrsnacht

In dieser Nacht um Mitternacht,
da tut es einen Schlag,
da steht das neue Jahr vor dir
und sagt dir guten Tag.

Und spricht: »Bin ich nicht pünktlich? Freund,
du selbst stehst auch bereit.
Auf, wollen wir gemeinsam gehn
ein Stücklein durch die Zeit!«

Wintergeschichten

Er zog sich warm an und ging hinaus zu den Eisbären. Sie setzten sich unter den funkelnden Sternen in den Schnee und sprachen von allerlei. Besonders der jüngste Eisbär war sehr gesprächig. Der große, alte sprach nur wenig, und wenn er ab und zu ein paar Sätze sagte, hob er den weißen Arm und wies hinaus zu den schimmernden Eisbergen im dunklen Meer. Dann schwiegen sie und sahen lange dem Nordlicht zu, das in grünen, roten und blauen Farben am Himmel spielte.

Das ist immer wieder schön.

Er zog sich warm an und ging hinaus ... So können tausend Geschichten beginnen. Nicht jeder, der sich warm anzieht und hinausgeht, trifft auf Eisbären. Beileibe nicht! Lass auch du jemanden, der sich warm anzog, hinausgehen ...

Spatzenvergnügen

Sie plaudern und schwatzen,
sie lärmen und toben,
die Spatzen, die zehn,
auf der Dachrinne oben.

Doch plötzlich ruft einer,
der Peter: »Schaut her!
Mit mir ist es aus!
Ich kann nicht mehr!

O weh! O weh!
Lebt wohl, ihr alle!
Ich fa-, ich fa-,
ich fa-, ich falle!«

Er kippt vornüber,
der arme Peter,
er stürzt kopfunter –
fast drei Meter.

Da breitet er plötzlich
die Flügel aus
und schwirrt wieder hoch,
hinauf aufs Haus.

Da sitzt er wieder,
der Held, wo er saß.
Das war ein Kunststück!
Das war ein Spaß!

Aber nun geht es los!
Jetzt schreien alle:
»Ich fa-, ich fa-,
ich fa-, ich falle!«

Ich, du, er, sie, es

Ich,
du,
er,
sie,
es
standen am See
auf der Wiese
im Sonnenschein.
Da fiel
mir,
dir
und ihm
etwas ein.
Ich,
du
und er
riefen:
»Wir springen
ins Wasser
und schwimmen!«
Sie
und es
sagten:
»Schwimmt ihr im See!
Wir bleiben hier
und essen Klee.«
Ich war ich.
Du warst du.
Er hieß Frosch.
Sie hieß Kuh.
Es hieß Kalb.
Deshalb.

Der Bär

Aufrecht am Baum
wie ein Mann steht er
und reibt seinen Buckel
am Baum, der Bär.

Er reibt seinen Buckel,
Buckel, Buckel am Baum.
Tät's ihm nicht wohl,
er täte es kaum.

Jetzt hat er genug,
drum lässt er sich nieder.
Auf allen vieren
steht er nun wieder.

»Hunger hab ich«,
fällt ihm ein, und er sinnt:
»Wo finde ich Pilze?
Dort drüben bestimmt.«

Zum nächsten Wald wandert er
über die Wiesen.
Du Menschen-Mann sollst ihn
nicht erschießen.

Wigelwagel

Ich hab ihn erfunden,
ich kenne ihn gut.
Wigelwagel heißt er.
Ich weiß, was er tut.

Er sitzt auf dem Ahorn
in all seiner Pracht,
wiegt auf dem Ast sich,
macht Faxen und lacht.

Ab und zu weint er,
doch oft singt er laut.
Wer ihn hört, wundert sich,
rennt hin und schaut.

Wer ihn sieht, staunt ganz
gewaltig und spricht:
So einen sah ich
mein Lebtag noch nicht!

Doch wie er ausschaut,
der Wigelwagel, genau –
ich komm nicht dahinter,
ich bin nicht so schlau.

Ich sitze und sinne,
doch kommt nur heraus:
Der Wigelwagel schaut
wie ein Wigelwagel aus.

Was mag er – was glaubst du –
für ein Wesen wohl sein?
Hat er Haare? Hat er Federn?
Es fällt mir nicht ein.

Mir fällt es nicht ein –
bestimmt aber dir!
Schnell, mal den Wigelwagel,
wie er lebt, aufs Papier!

So geht es in Grönland

Ein Eskimomädchen
mit blauschwarzem Haar
steckt sein Stupsnäschen
aus einer Schneehaustür
und ruft:
»Ein Mercedes!«
Alles stürzt zu ihr.
Rings liegt Grönland weiß und still.
Das kleine Mädchen schreit:
»April, April!«

Mutzebutz ist klitzeklein

Mutzebutz ist klitzeklein,
Mutzebutz geht querfeldein.

Geht ein Stücklein und hält an
bei dem hübschen Thymian.
Um zu schnuppern: Welch ein Duft!
Plötzlich kommt was aus der Luft.

Au! Wer packt mich da am Kragen?
Schon wird er emporgetragen.
Und den hübschen Thymian
sieht er jetzt von oben an.

Ach, von oben sieht er bald
Bach und Brücke, Dorf und Wald.
Denn die Krähe, die ihn stahl,
trägt ihn über Berg und Tal.

Ihre schwarzen Flügel sausen.
Mutzebutz erfasst ein Grausen.
Zu der Eiche auf dem Hügel
lenken jetzt die schwarzen Flügel.

Denn am Ziele sind sie jetzt.
Auf der Eiche steht ein Nest.
Dieses Nest gehört der Krähe.
In dem Neste, wehe, wehe,
in dem Nest, gemacht aus Stecken,
Butz, was musst du da entdecken?

Ach, drin hocken Krähenkinder,
aufgerissen sind die Münder.
Schrecklich schreien alle vier:
»Hunger, Hunger haben wir!«

Satt zu kriegen sind sie schwer.
Mutter bringt den Butz daher:
»Schaut, den habe ich entdeckt.
Da, probiert, ob er euch schmeckt!«

Mutzebutz beginnt zu zittern,
denn jetzt will man ihn verfüttern.
Er will nicht gefressen sein,
nein, o nein, o nein, o nein!
Darum sagt er: »Wer mich frisst,
ist ein Narr, dass ihr es wisst!
Ja, ihr denkt, ich schmecke süß.
Aber hört, ich sag euch dies:
Lecker sehe ich zwar aus,
doch in Wirklichkeit, o Graus,
bin ich gri-gra-grässlich sauer.

Wer mich frisst, der wird's bedauern.
Wer mich schluckt, den hört man
klagen:
Weh, was zwickt mich da im Magen?
Haust wohl gar, zu meiner Pein,
mir im Bauch ein Stachelschwein? –
So, nun überlegt euch gut,
liebe Leute, was ihr tut!«

»Wenn das so ist, liebe Mutter,
bringe uns ein andres Futter,
denn was andres ist gesünder«,
sagen alle Krähenkinder.
»Doch den kleinen Springinsfeld,
welcher uns sehr gut gefällt,
lasse uns zum Spielen da.
Bitte, bitte, krah, krah, krah!«

In dem Neste ist es enge.
Mutzebutz sitzt im Gedränge.
Und von Tag zu Tag wird's ärger,
weil die Krähen größer werden.
Er macht lustige Grimassen,
dass sie ihn im Neste lassen.
Doch im Herzen ist er traurig,
denn dies Leben, es ist schaurig.
Wohl er kriegt zu essen was.
Doch was ist das, welch ein Fraß!
Würmer, Schnecken, Engerlinge:
Butz schwärmt nicht für solche
Dinge …

Alle Krähenkinder kriegen
Flügel, um davonzufliegen.
Und sie fliegen fort, hurra,
lassen Butz verlassen da.
Ach, die Wolken streifen fast
an dem Neste auf dem Ast.
Und auf diesem hohen Ort
sitzt der Butz. Er kann nicht fort,
weil er an dem steilen Stamm
nicht hinunterklettern kann.
Ach, vor Gruseln und vor Grauen
wagt er kaum hinabzuschauen.

Mutzebutz weint fürchterlich:
»Wer ist lieb und rettet mich?«
Aus dem Auge fällt ihm gar
eine Träne, groß und klar.
Diese Träne fällt zuletzt
Georg auf die Nase jetzt.
Georg guckt verdutzt empor,
guckt und guckt und spitzt das
Ohr.

Auf dem Baum erklingt Gewimmer.
Horch, dort wimmert's immer
schlimmer.
Wenn ein andrer leidet, dann
muss man helfen, wenn man kann.
Wer's auch sei, man muss ihn retten.
Georg fängt schon an zu klettern.
Ja, er wagt es! Er hat Mut.
Und er ist im Turnen gut.

Über viele dicke Äste
klettert er empor zum Neste.
Und jetzt schaut er, wer da weine.
Ach, im Nest steht Butz, der kleine.
Ja, da weint er, ja, da steht er
und misst knapp zehn Zentimeter.

Georg nimmt den kleinen Tropf,
setzt ihn sich auf seinen Kopf:
»Halt dich fest an meinem Haar!«
Ja, so geht es wunderbar.

Mit dem Butz steigt Georg wieder
auf die sichre Erde nieder.
»Mutzebutz, kommst du mit heim?«
»Ja, wir wollen Freunde sein!«

Ausflug

Sieben kleine Bären
gingen, trippeltrappel,
durch den Wald
und hielten sich brav bei den Vordertatzen.

Da standen
sieben kleine Katzen
bei einer Pappel
am Bach.

Und sagten: »Ach!
Wären wir drüben,
miau!«

Da nahmen die sieben kleinen Bären
die sieben kleinen Katzen
auf ihren Rücken
und sagten: »Wir sind stark,
es wird uns schon glücken.«

Die Katzen machten die Augen zu
vor Ängsten.
Und der kleinsten
war es am bängsten.

Als sie am anderen Ufer waren,
sagten die sieben Kätzlein
artig das Sätzlein:
»Wir danken schön!«

»Es ist gern geschehn!«,
erklärten die Bären
und meinten auch:
»Ja, wenn wir nicht wären!«

Fichtenzapfenzupfen

Vor hunderttausend Tagen,
als Riesen am Waldrand
Fichtenzapfen
von hohen Fichtenzweigen zupften,
kamen Kinder
über die Wiesen
und wollten auch
Fichtenzapfen haben.

»Zupft selber!«,
sprachen die Riesen
und lupften die Kinder
zu den hohen Fichtenzweigen,
dass sie Fichtenzapfen
von den hohen Fichtenzweigen
zupfen konnten.

Dann stellten sie
die gelupften Kinder
mit den gezupften Zapfen
sacht wieder nieder.
»Ihr seid nette Riesen!«,
riefen die Kinder und liefen
mit den gezupften Zapfen
heim über die Wiesen.

Nacht im Schloss

»O wenn ich hätt ein Himmelbett!
Ein Himmelbett!«, sagst du.
Im Schloss ist noch ein Zimmer frei.
Im Zimmer steht ein Himmelbett.
Da leg dich heut zur Ruh.

Da liegst du dann,
da liegst du wach,
liegst unter deinem samtnen Dach,
liegst zwischen deinen Vorhangwänden,
hörst, wie es da, dort
knistert,
knackt.
Dann aber – dann
um Mitternacht …

Trapp! – Trapp! – Trapp! – Trapp!
Im großen Schloss
fern irgendwo,
was trappt da so?
So langsam,
so unheimlich stet,
wie eine alte Turmuhr geht.
Doch anders klingt es,
dumpf und schwer.
Du horchst, horchst atemlos,
und dann,
dann ahnst du es,
du ahnst es bang,
dass einer geht, der näher kommt.
Dass einer naht im langen Gang!
Kommt er von der Kapelle her
(dort ist die Gruft)?
Von dort kommt er!
Von fern,
aus grauer Ewigkeit

ist einer auf dem Weg zu dir!
Trapp! – Trapp!
So ging es lange Zeit.
Nun aber ist er nicht mehr weit.
Jetzt ist er nah.
Ist da!
Es knarrt die Tür ...
Im Zimmer nun
– wie wird dir doch! –
Schritte. Schritte.
Einer noch.

Von einer Harnischhand gehoben:
Der Vorhang hebt sich.
Auf dich blickt
ein bleiches, bärtiges Gesicht.
Du siehst es, siehst es klar genug,
erhellt vom nächtlich fahlen Licht.
Von Falten ist es ganz durchpflügt.

Ernst schaut es unterm Helm auf dich,
der regungslos im Bette liegt.
Bis endlich dann der Ritter dies
– bedeutungsschwer nickt er dazu –
mit abgrundtiefem Seufzen spricht:
»O du!«

Dann wendet er sich ab von dir
– der Vorhang fällt.
Und geht.
Du hörst ihn lang noch gehn.
Geht heim in seine andre Welt.

Am Morgen fragt man dich:
»War's schön?«

Wie war das vor tausend Jahren?

Wie war das vor tausend Jahren?
Da ist noch kein Auto gefahren,
da ritt man Stunden um Stunden.

Und kamst du hungrig in Aachen an
und fragtest nach Kartoffeln, dann
sprach der Wirt: »Bedaure,
da sind Sie viel zu früh dran,
die sind noch nicht erfunden.«

Krimi

Ich weiß bislang nur das eine,
mehr nicht:
Die »Frankfurter Allgemeine«
vor dem Gesicht,
sitzt ein Herr – warum
blättert er nie um?

Er sitzt in einem Lokal.
In der Zeitung: ein kleines Loch.
Der Mann ist Detektiv.
Den Trick kennt man doch.

Ich denke nach.
Es dauert.
Es fällt und fällt mir nichts ein.
Ich bin heut so dumm.
Drum
erzähl du den Roman!
Ich bin gespannt.
Fang schon an!
Sag nicht nein!
Das wäre gemein.

Alles klar:
Der Mann lauert.
Doch – was passiert nun?
In einem Krimi muss sich was tun.

Zungenbrecher

Fliegen, die fliegen, heißen Fliegen, weil sie fliegen,
aber Fliegen, die sitzen, heißen nicht Sitzen,
obwohl sie sitzen, sondern Fliegen wie die Fliegen,
die fliegen.

Dass du dir nicht die Zunge brichst,
wenn du von brutzelnden, prallen Bratäpfeln sprichst!

Förster Franz und die Füchse

(Zum Schnellsprechen)

Förster Franz wollte fünf Fahrrad fahrende flinke,
flotte Füchse fangen, aber die fünf Fahrrad fahrenden
flinken, flotten Füchse fuhren im Forst flink und
flott auf und davon. Und klingelten zum Hohn.

Das große, kecke Zeitungsblatt

Heut flatterte durch unsre Stadt
ein großes, keckes Zeitungsblatt,
mir selber ist's begegnet.

Herab die Straße im Galopp
kam es gelaufen, hopp, hopp, hopp.
Es hüpfte, hopste, tanzte.

Allmählich wurd es müd, es kroch,
es schlurfte nur, es schlich nur noch.
Und legte still sich nieder.

Da lag's, wie eine Flunder platt.
Dann aber tat das Zeitungsblatt
ganz plötzlich einen Sprung.

Stieg steil empor in kühnem Flug,
wobei es ein paar Saltos schlug,
und landete dann wieder.

Da saß es nun und duckte sich.
Jetzt krieg ich dich! – Doch es entwich
mit tausend Purzelbäumen.

Zu dritt im Abteil

Wir beide fuhren Eisenbahn.
Wir beide, wir fuhren zu dritt.
Wir fuhren nach Limburg an der Lahn.
Eine Brumselfliege flog mit.

In Limanderlahnburg, da stiegen wir aus,
da haben wir nämlich Verwandte.
Die Brimselbrumsel flog auch hinaus.
Keine Ahnung, wen sie dort kannte.

Besetzt

Ein Mann,
der im Sand
einen Schlüssel fand,
nahm den Schlüssel
in die Hand
und probierte den Schlüssel,
den er fand,
an jeder Tür
im ganzen Land,
bis er vor einem Burgtor stand.

Da passte der Schlüssel
ganz zuletzt.
Der Mann schloss auf
und war entsetzt,
denn da standen Geister
in weißem Gewand
und sagten:
»Schon besetzt!«

Drum

Das schiefe Haus
im tiefen Wald,
das ist der Räuber
Aufenthalt.
Warum ist das Räuberhaus
schief und krumm?
Warum, warum,
warum, -rum, -rum?

Wenn abends die Räuber
beisammenhocken,
am Feuer die Füße
mit den nassen Socken,
ja, wenn sie da sitzen
beim gewilderten Braten,
erzählen sie sich
ihre Heldentaten.

Mit tollen Gebärden
beim flackernden Feuer
berichten sie grässliche
Abenteuer.
Und jeder weiß
immer wieder was. –
Was sie sonst vollbrachten,
ganz unglaublich ist das!

Es ist auch nicht wahr,
sie flunkern und lügen,
sie lügen, dass sich
die Balken biegen.
Und weil sie immer
so kräftig logen,
dass sich die Balken
mit Ächzen bogen,
drum ist das Räuberhaus
gar so krumm.
Drum, drum, drum, drum,
drum, drum, drum, drum.

Heiser

Unsre Hühner
stehen verdattert da.
Was geschah?
Was ist los?

Das Unglück ist groß.
Unser Hahn ist heiser.
Sein Krähen
klingt leiser.
Er,
der so sieghaft sonst schrie,
krächzt seit heut früh
nur noch:
»Güügerüügüü!«

Aber der Hahn
auf dem Nachbarhofe
– das ist das Schlimme –,
der ist bei Stimme!
Er schmettert,
in Form wie noch nie,
ein himmelhoch jauchzendes
Kiikeriikii!
»Ich bin Sieger!«,
schreit er herüber,
wieder und wieder und wieder.
»Meister,
kräh kühner!«,
flehen die Hühner.
»O Gockelhahn,
gib's ihm!
Besieg ihn!
Mann,
strenge dich an!«
»Güügerüügüü!«
O Schande!
O Graus!

Bei aller Müh,
mehr kommt nicht heraus.

Betroffen
stehn unsre Hühner herum
und hoffen
auf baldige Besserung.

Au!

Zwei sind zusammen durch die Welt gewandert.

Da gab es eine Menge zu sehen, und wenn sie etwas besonders Schönes entdeckten, riefen sie alle beide: »Oh!«

Als sie nun auf ihrer Wanderung durch die Berge plötzlich vor einem großartigen Wasserfall standen, riefen sie wieder gleichzeitig: »Oh!«

Da sagte der eine von den beiden, der Kurze, Dicke: »Wenn ich oh sage, brauchst du nicht auch noch oh zu sagen. Es genügt vollkommen, wenn ich das sage.«

»Und ich?«, sagte der Lange, Schmale. »Ich brauche auch etwas zu tun.«

»Du kannst das Au übernehmen«, sagte der Kurze, Dicke. »Wenn einer von uns beiden sich weh tut, dann sagst du au. Das ist von nun an dein Amt.«

»Gut«, sagte der Lange, Schmale. »Einverstanden!«

So. Nun war das geklärt, und jeder hatte seine Aufgabe. Wenn sie eine phantastische Burgruine, einen herrlichen blauen See oder ein tolles Abendrot sahen, rief der Kurze, Dicke: »Oh!«

Und wenn einer von den beiden irgendwo anstieß oder sich sonst wie weh tat, sagte der Lange, Schmale: »Au!«

Das ging so, bis sie hinter Kuckuckskirchen zu einer Kreuzung kamen. Der Kurze, Dicke wollte nach rechts, der Lange, Schmale wollte nach links. Da sie sich nicht einigen konnten, trennten sie sich, und jeder ging den Weg, den er gehen wollte.

Es war ein warmer Sommertag. Der Kurze, Dicke hatte die Schuhe ausgezogen und lief neben der Straße im Gras. Da passierte es, dass er auf eine Biene trat. Er setzte sich nieder, zog den Stachel aus der Fußsohle und ging weiter. Aber im Weitergehen war ihm immer, als habe er etwas vergessen. Er überlegte lange, doch er kam nicht drauf, was es war. Erst am Abend, als er in Brommelbach in einer Herberge saß und eine Bratwurst mit Kartoffelsalat verspeiste, fiel es ihm plötzlich ein: Er hatte ganz vergessen, au zu sagen, als ihn die Biene stach. Das hatte bisher der andere für ihn besorgt, aber nun musste er es wieder selber machen.

Doch er konnte es ja nachholen. Also sagte er laut: »Au!« So, nun war das auch erledigt.

Die Männer, die am Nachbartisch saßen, sahen her und fragten: »Was ist los? Hast du dir weh getan?«

»Ja«, sagte der Mann. »Heute Nachmittag hat mich eine Biene in den Fuß gestochen.«

»In den linken Fuß oder in den rechten?«, fragten die Leute.

Der Kurze, Dicke überlegte, aber er kam nicht mehr drauf.

Er hatte zu viel Geld

Er hatte zu viel Geld,
drum reiste er um die Welt.

Und knipste den Himalaya
und was er sonst so sah, na ja.

Gegen den Wind

Wer gegen den Wind
durch die Gegend geht,
dass der Sturm allen Ärger
aus ihm weht,
kehrt aus dem Gezerr
und Gebrüll und Gebraus
leichter und freier und froher
nach Haus.

Ich schenk dir den Wind

Ich hab was gemalt:
ein Herbstwind-Bild.
Ich schenk dir den Wind,
wie er tobt, ganz wild.

Schau, wie die Bäume
zur Seite sich biegen!
Und wie die Blätter
in Scharen fliegen!

Die Blätter fliegen!
Ein Hut fliegt mit!
Ein Mann verfolgt ihn
mit eiligem Schritt.

Der Mann ist leider
noch sehr weit zurück.
Doch er ist nicht allein,
das ist sein Glück.

Ihm weit voraus
rennt sein treuer Hund.
Schau an, wie er springt
mit offenem Mund!

Den Hut will er fangen!
Er sputet sich.
Bald wird er ihn schnappen,
hoffentlich.

Übergibt er dann wieder
seinem Herrn den Hut,
wird dieser ihn loben.
Und alles ist gut.

Gorilla, ärgere dich nicht!

Ich warf mal einen Gorilla
beim Spiel vor dem Loch hinaus.
Ich sagte: »Das Spiel heißt Mensch-ärgere-dich-nicht!«
Er aber rief: »Das betrifft mich nicht!«
Und schmiss mir die Kegel ins Gesicht.

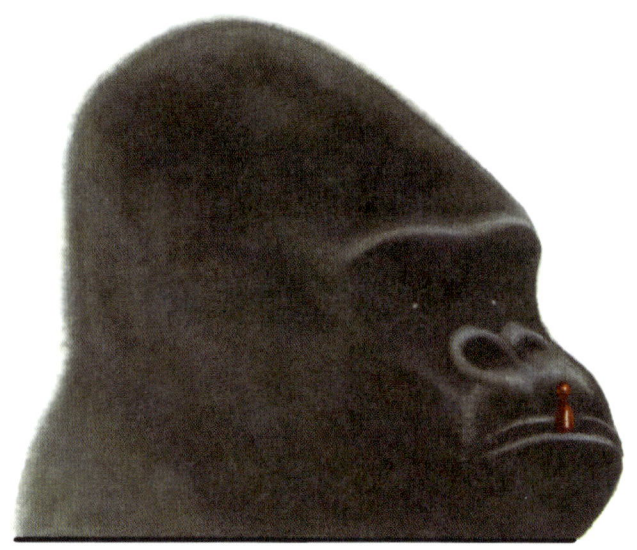

Schwimm, Schwan, schwimm!

(Zum Schnellsprechen)

Schwan, weiß wie Schnee,
schwimm über den See!
Schwimm, schwimm, Schwan,
schwimm zu uns heran!

Schwan, schwimm, schwimm!
Schwimm, Schwan, schwimm!
Schwimm, schwimm, Schwan!
Da kommt er bei uns an.

Das Wappen

Der Junge stand dicht am Stamm der Kastanie. Er hörte dem Regen zu, der auf die großen Blätter des Baumes trommelte und der ringsum mit Urgewalt niederrauschte; es war eine tausendstimmige Musik.

Als der Regen einsetzte, plötzlich und mit aller Macht, hatte er sich gerade noch unter den weit ausladenden Baum flüchten können. Nun stand er schon zwei Stunden da, umringt von den niederstürzenden Wassermassen, die alles verschlungen hatten, die weiten Wiesen, die Felder, die fernen Wälder.

Da stand er, ganz allein. Nur die Kastanie war bei ihm, die ihn beschützte. »Ich dank dir, Baum!«, sagte der Junge und legte die Hand an den rauhen Stamm, an dem es schon nass herabzurinnen begann.

Der gekieste Feldweg, nur wenige Schritte entfernt, war gerade noch zu erkennen. Auf ihm schoss das Wasser in blinkenden Rinnsalen dahin. Die Pfützen schienen zu brodeln.

Es war später Nachmittag. Unaufhaltsam nahte der Abend. Dann kam die Nacht.

Immer häufiger fielen Tropfen aus dem Baum, schwere Tropfen, jeder drang durch die leichte Jacke des Jungen. Noch machte es ihm nicht allzu viel aus. Es war Sommer, und er war es gewohnt, nass zu werden. Aber der Regen schien kein Ende nehmen zu wollen. Der Junge konnte nicht bis zum Morgen so stehen bleiben; es hatte auch keinen Sinn, auf den Baum zu steigen und da oben in einer Astgabel zu sitzen, Stunde um Stunde, durchnässt und frierend. Die Nacht würde ewig dauern.

Es musste sein. Der Junge beschloss, hinauszulaufen in den Regen. Das kostete Überwindung.

Noch einmal legte er liebkosend die Hand an den Stamm. Dann ging er bis an den Rand der Baumkrone. Gleich wollte er losrennen, zum Weg und dann auf diesem zum nächsten Dorf. Bis dorthin konnte es weit sein, aber irgendwie würde er es schon schaffen.

»Jetzt!«, befahl der Junge sich selber.

In diesem Augenblick tauchte etwas im Regen auf. Groß, dunkel kam es rasch von links heran. Dann ging alles ganz schnell.

Zwei Pferde waren zu erkennen, die einen Wagen zogen, eine geschlossene Kutsche. Der Junge schrie, er hob den Arm, rannte auf den Wagen zu. Er hörte seinen Ruf selbst kaum im Lärmen des Regens. War es möglich, dass man ihn bemerkte? Aber da hielten die Pferde schon. Mit wenigen Sätzen war er bei der Kutsche, setzte einen Fuß auf den Tritt, fand die Klinke, schlüpfte in den Wagen, zog die Tür hinter sich zu.

»Tausend Dank!«, stieß er aufatmend hervor. Keine Antwort kam. Er sah sich um. Da war niemand. Die Kutsche war leer.

Da waren nur die beiden Pferde vor dem Wagen, die sich sogleich wieder in Bewegung gesetzt hatten. Kraftvoll und ruhig liefen sie dahin. Ihre schwarzen, glänzenden Leiber waren durch die Öffnung an der Vorderseite der Kutsche zu erkennen. – Wie ging das zu? Da waren zwei Pferde unterwegs, ganz allein. Sie hatten seinetwegen gehalten, ihn mitgenommen. Es war, als wären sie gekommen, ihn zu holen. Es war schön, geborgen vor dem Unwetter in dem schwankenden Wagen zu sitzen. Der Sitz der Bank war mit Leder überzogen, die Lehne hatte gedrechselte Stäbe. Unter dem Wagen war das Knirschen und Klingen zu vernehmen, mit dem die Eisenreifen der hölzernen Räder über Steine fuhren.

Der Junge war noch nie in einer solchen Kutsche gesessen. Sie schien aus einer vergangenen Zeit gekommen. Wie die Pferde – aber Tiere sind immer Wesen wie aus versunkener Zeit.

Wo ging die Reise hin? Die Pferde wussten es. Ihnen durfte er vertrauen.

Der Junge schloss die Augen und dachte nach. Da war etwas, an das er sich erinnern musste. Was war das nur? Er hatte etwas gesehen, ganz kurz nur, etwas, was ihn erstaunte. Ja, beim Einsteigen war es gewesen.

Plötzlich sah er es wieder vor sich, ganz klar.

Das Wappen! Das Wappen an der Tür der Kutsche. Sein eigenes Wappen!

Es war das Wappen, das er sich über das Bett gehängt hatte. Aus Pappe hatte er sich einen Schild geschnitten, nach unten spitz zulaufend, wie ihn die Ritter einmal trugen. Darauf hatte er mit Wasserfarben ein

Wappen gemalt, das er sich selbst ausgedacht hatte. Das Bild zeigte einen Kranich. Der Vogel mit den langen Beinen und dem hochgereckten Hals stand nach links gewandt, ein Bein hatte er angehoben. Vor ihm wölbte sich eine gelbe Scheibe aus dem dunkelgrünen Grund; sie sollte die aufgehende Sonne darstellen.

Genau dieses Wappen, nur in leuchtenderen Farben, zierte die Außenseite der Tür; die aufgehende Sonne schimmerte metallisch, wie aus Gold.

Als der Junge die Augen öffnete, hatte der Regen aufgehört. Die Kutsche fuhr durch einen tiefen Wald mit uralten Bäumen. Auf einem dunklen Waldsee spiegelten sich blitzend die Sterne.

Leicht, wie mühelos liefen die Pferde durch die Nacht, dem Morgen entgegen.

Der Junge fand keinen Schlaf. Was wartete auf ihn?

Rast

Sieben matte Schotten
setzten sich in den Schatten,
lockerten ihre Krawatten
und aßen die Karotten,
die sie hatten.

Sieben matte Schotten
saßen im Sommer,
den Buckel am Baum.
Sie schlossen die Augen
und träumten sich was,
am hellen Tag einen goldenen Traum.

Mein Traumpferd

Ich hatte ein Pferd
heute Nacht im Traum.
Das trug mich
über Busch und Baum.

Das war so mutig,
so stark, so jung,
das trug mich
in einem einzigen Sprung.

Übers Meer, übers Meer
nach Amerika
in ein Ananasfeld.
Hurra, wir sind da!

Raus!, schrie der Farmer.
Da rief ich: Hopp!
Da trug mich mein Pferd
kreuz und quer im Galopp.

Durchs ganze Land,
vorüber an Seen,
an Städten, an Herden,
an Riesenkakteen.

Und wieder zum Strand.
Hoch über den Wogen
sind wir an Vögeln
vorübergeflogen.

Nach Hause.
Es war für heute genug.
Komm wieder, liebes Pferd,
zu neuem Flug.

Im Bett

Im Bett
kann einer träumen,
was er will,
irgendwas.
Da liegt unser Franz
im Bett
ganz still
und träumt sich das:
Er träumt,
er sei ein Unterseeboot
und fährt im Meer
kreuz und quer,
hin und her.
Da wachsen Korallen,
wundersam rot.
Da schweben Quallen,
durchsichtig zart.
Und herrliche Dinge
erlebt er auf seiner Fahrt:
Abenteuer
ungeheuer!
Morgen am Tag
wird er sie uns erzählen,
wenn er mag.
Doch tut er es nicht,
werden wir es nie erfahren,
nicht morgen und nicht
in tausend Jahren.

Jeder kann etwas

Das Pferd stand auf der Wiese. – Da bekam es Besuch. Aus dem Wald kamen das Eichkätzchen und der Kuckuck. Aus dem Weiher hüpfte der Frosch heran. Und dann kam auch noch der Maulwurf über die Wiese gerannt.

Das Pferd sagte: »Ich habe Kraft. Wenn ihr wollt, könnt ihr euch alle auf meinen Rücken setzen, dann trage ich euch im Galopp über die Wiese. Wer von euch kann mich tragen?«

»Ich nicht«, sagte das Eichkätzchen. »Dafür kann ich etwas anderes. Da drüben steht eine hohe Tanne. Wer klettert mit mir um die Wette am Stamm hinauf?«

Auf diese Wette wollte sich keiner einlassen.

»Ich kann nicht klettern«, sagte der Kuckuck, »aber ich kann fliegen. Im August fliege ich nach Afrika und im nächsten April bin ich wieder hier. Und ganz allein finde ich bis nach Afrika und wieder zurück. Ist das nichts?«

»Das ist toll«, meinte der Frosch. »Aber ich kann auch etwas. Ich kann schwimmen. Und wenn's Winter wird, setze ich mich unten im Weiher in den Schlamm und warte, bis es Frühling wird.«

»Das macht dir keiner nach«, sagten die anderen Tiere.

»Jeder von uns kann etwas Besonderes. Aber du, Maulwurf ... Wo steckst du denn? – Maulwurf, wo bist du?«

Sie starrten auf die Stelle, wo der Maulwurf eben noch gestanden hatte. Da war nur ein Loch.

»Hier bin ich!«, rief der Maulwurf hinter ihnen.

Während die anderen redeten, hatte er sich unter ihren Füßen durch die Erde gewühlt.

Jeder kann etwas.

Immer vorn

Aber jetzt
lass dir was sagen!
Alle Pferde,
wenn sie traben,
alle Hasen,
wenn sie hüpfen,
alle Wölfe,
wenn sie jagen,
alle Fische,
wenn sie flitzen,
alle Dachse,
wenn sie graben:
Alle, alle, alle tragen
die Nase vorn!

Und du, glaubst du,
es wird dir gelingen,
im Rückwärtsgang
übern Graben zu springen?

Warum die Hasen lange Ohren haben

»Es regnet«, wisperte eine junge Stimme.

»Es regnet schon mein Leben lang«, wisperte eine alte Stimme.

Das Häslein aber saß hinter dem großen Pestwurzblatt am Bach und spitzte die Ohren, damit ihm kein Wort von dem entging, was die beiden miteinander sprachen, die junge Eintagsfliege und die alte.

Regentropfen können wie eifrige Spechte klopfen, sie können wie tolle Trommler trommeln, sie können plaudern wie Zitterpappeln, sie können wie wandernde Schafherden trappeln, sie können, wenn sie zu Tausenden springen, wie ganze Völkerscharen singen.

Alles, was Regentropfen können, das taten sie. Die Eintagsfliegen aber hatten Stimmen wie ein Hauch so dünn, wie ein Haar so fein. Und das Häslein musste gewaltig die Ohren spitzen.

»Wann hört es auf zu regnen?«, fragte die junge Stimme.

»Kind«, entgegnete die alte Stimme, »es regnet. Das ist das Leben.«

»So muss ich immer unter diesem Blatte sitzen?«, fragte die junge Eintagsfliege. Und in der Stimme, so klein sie war, so fein wie ein Haar, lag alle Traurigkeit der Welt.

»Andern ist es nicht anders ergangen«, beschwichtigte die alte Eintagsfliege. »Auch ich war einmal ein blutjunges Ding, so wie du jetzt. Fast vierundzwanzig Stunden ist's her, ach, eine lange Zeit. Damals wollte auch ich hoch hinaus. Bis ich allmählich begriff, dass dies das Leben ist: Unter einem Blatte sitzen, während der Regen niedergeht.«

»Ich möchte leben! Ich möchte schweben!«, rief die junge Eintagsfliege.

»Zu fliegen, genau das war auch mein Traum, damals, als ich noch so jung war wie du. Heute lächle ich darüber.«

»Aber was tragen wir auf dem Rücken?«, klagte die junge Eintagsfliege. »Sind es nicht Flügel? Flügel, um zu fliegen? Wozu sind uns Flügel gegeben, wenn wir uns niemals in die Lüfte heben dürfen? Wozu? Wozu?« Die Stimme ging in Schluchzen über.

»Fragen! Fragen!«, rief die alte Eintagsfliege. »In deinem Alter steckte auch ich voller Fragen. Damals hatte ich das Glück, einer uralten,

weisen Eintagsfliege zu begegnen. Sie hatte schon den vorgestrigen Tag erlebt. Ein langes, reiches Leben lag hinter ihr. Da, wo du jetzt sitzt, hatte sie es verbracht. Die Flügel, so sagte sie mir, sind uns zum Troste verliehen. Damit wir den Glauben nicht verlieren. Den Glauben an den Traum. Diese Hochbetagte erzählte mir ein Märchen, ehe sie verschied. Und nun, da meine eigenen Minuten um sind, will ich dieses Märchen an dich weitergeben. Hör zu! Es war einmal eine Zeit, da kam der große Friede über das Bachtal. Das Wasser hörte auf, vom Himmel zu fallen ...«

»Wann war das?«, rief die junge Eintagsfliege begierig. »Wann wird das wieder sein?«

»Es ist ein Märchen, Kind! Begreifst du denn nicht? Bei einem Märchen fragt man nicht nach dem Wann. Und nun unterbrich mich nicht mehr. Meine Sekunden sind gezählt, und ich möchte nicht sterben, ohne dieses Märchen weitergegeben zu haben. – Das Wasser hörte auf, vom Himmel zu fallen, und die Winde hörten auf zu toben. Der schwarzgraue Himmel öffnete sich, und ein neuer Himmel erschien, hoch und blau. Über diesen blauen Himmel aber wanderte ein herrliches goldenes Wesen, das warme Strahlen auf die Erde herniederschickte. Und siehe, nun stiegen Eintagsfliegen aus tausend Verstecken zu beiden Seiten des Baches. Sie hoben sich allüberall in die laue, stille Luft. Zu Tausenden tanzten sie über dem Tal. Und des Jubels war kein Ende. – Dies war das Märchen. Bewahre es gut in deinem Herzen, und gib es denen weiter, die nach dir kommen werden. Meine letzte Sekunde ist angebrochen. Lebe wohl.«

Das Häslein schloss die Augen. Wie seltsam, dachte es, ist ein Eintagsfliegenleben. Aber wer weiß, dachte es dann, vielleicht gibt es auch jemand, der mich Häslein betrachtet und sich denkt: Wie seltsam ist so ein Hasenleben ...

Als das Häslein die Augen wieder öffnete, erschrak es fast. So hell war es plötzlich ringsum. Hell und still. Der Regen hatte aufgehört zu fallen. Die Wolken verzogen sich, die goldene Sonne erschien. Hinter dem Pestwurzblatt flog eine Eintagsfliege empor. Sie schwang sich bis zu den Baumwipfeln hinauf, schwebte nieder und hob sich von neuem.

Hier stieg eine Eintagsfliege empor, dort eine andere, bald tanzten sie zu Tausenden über dem Tal.

Das Häslein aber hoppelte weiter. Wie unendlich reich ist die Welt, wenn man versteht, die Ohren zu spitzen!

Sassafras

Als ich heut die Zeitung las,
las ich was von Sassafras.
Dachte ich mir: Was ist das?

Schlug ich nach im Lexikon
unter S, da hatt ich's schon.
Sassafras, so hieß es da,
ist ein Baum in USA.
Donnerwetter, so ist das.
Sassafras, Sassafras!

Ha, jetzt weiß ich wieder was.
So allmählich mit der Zeit
wird der Mensch gescheit.

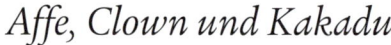

Affe, Clown und Kakadu

Es war einmal ein Affe, Affe, Affe,
der saß auf einem Baum, Baum, Baum,
da kam ein Clown, Clown, Clown
und rief: »Du, du, du
kriegst ein Ei, Ei, Ei,
Affe, fang, fang, fang!«

Darauf warf der Clown das Ei hoch, hoch, hoch, und der Affe streckte schon seine Hände aus. Doch da schoss ein Kakadu heran, rief: »Ich, ich, ich!«, und stibitzte das Ei aus der Luft weg.

Der Clown und der Affe schimpften natürlich sehr und sagten, der Kakadu sei ein Schuft, ein Räuber, ein Dieb, ein Halunke und überhaupt ein unverschämter Vogel.

»Wollt ihr das Ei wiederhaben?«, fragte der Kakadu.

»Ja, ja, ja!«, riefen die beiden.

»Gut«, sagte der Kakadu. »Ich gebe das Ei wieder her, aber nur dem, der hundertmal hintereinander Kakadu sagen kann, schnell und ohne Stottern.«

Zuerst probierte es der Affe: »Kakadu-Kakadu-Kakadu-Kakadu-Kakadu-Kakadu-Kakadu-Dukadudukadu.«

Dann war der Clown dran. Er brachte es auf achtundzwanzigmal. Schade, dass du damals nicht dabei warst. Du hättest es bestimmt hundertmal gekonnt, ohne zu stolpern. Oder? Los, zeig, was du kannst! – Falls du es doch nicht ganz hinkriegst, weiß ich dir einen Trost: In Rom lebt ein berühmter Mann, der schafft's auch nicht.

Mitteilung

Als die Menschen Flügel hatten,
waren sie angewachsen dort,
wo wir noch die Schulterblätter haben,
sagten zwei Kinder.

Diese Worte
will ich dir getreu berichten.
Sonst gibt es nichts Neues hier am Ort.

Die Lindennuss

Lindennuss,
grau und klein,
was träumst du in deinem
Köpfelein?

Ich trage einen Flügel,
bald fliege ich fort
und suche mir auf dem Hügel
den allerschönsten Ort.
Dort lasse ich mich nieder,
grau-winzig, wie ich bin.
Kommst du nach Jahren wieder,
wird dort ein Lindenbaum blühn.
Zu rauschen, zu duften als Lindenbaum,
Sommer für Sommer, das ist mein Traum.

Die Wasserläufer

Wie lustig wär's,
übern Teich zu spazieren –
wir sinken ein,
sooft wir's probieren.

Gar keiner kann das,
so sollte man meinen.
Doch die Wasserläufer,
die flinken, kleinen:

Wie schaffen sie's nur?
Sie huschen munter
übern Wasserspiegel
und gehen nicht unter.

Wie Kobolde treiben
ihr Wesen sie leis
auf dem Wasser, dem sanften,
als wär's blankes Eis.

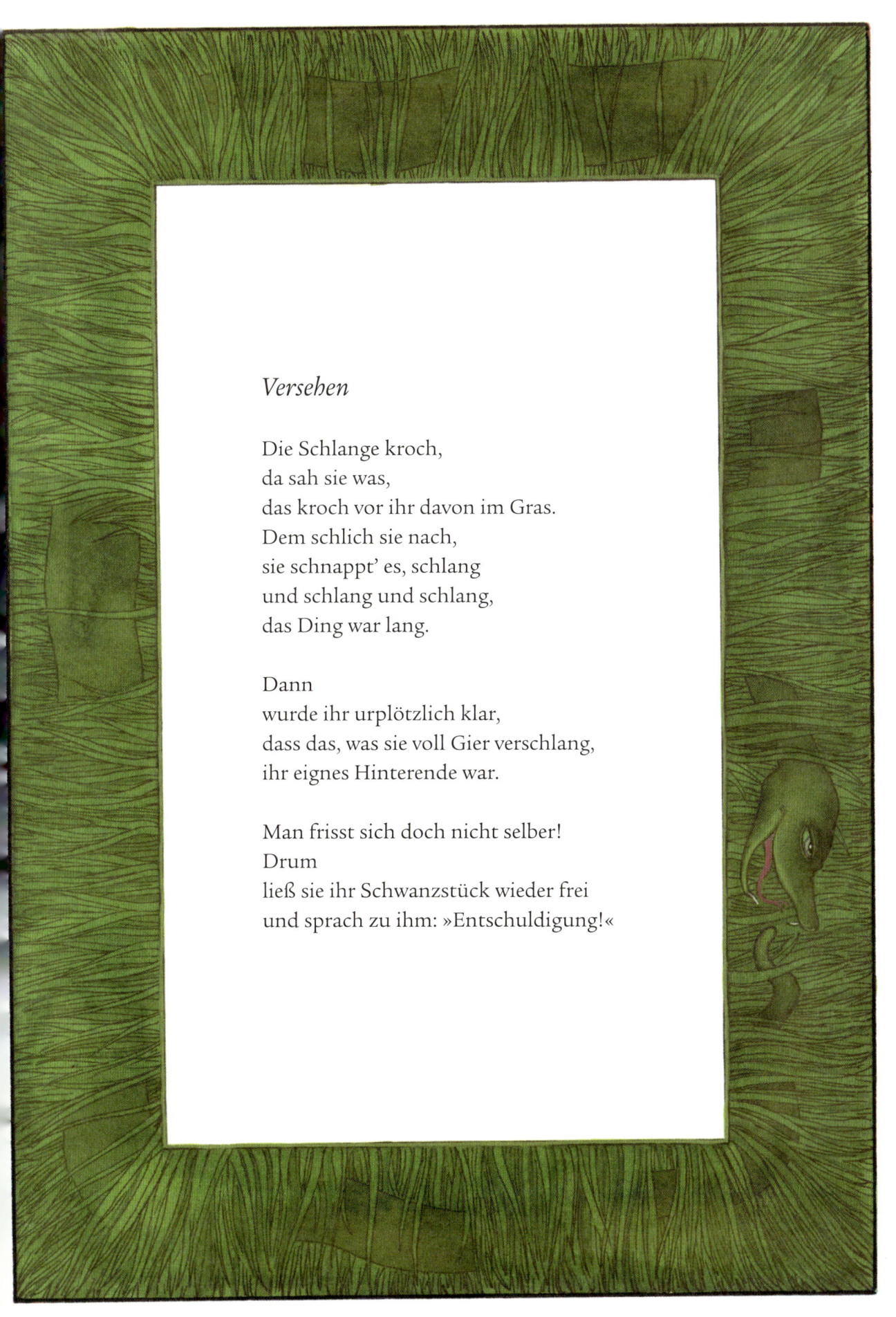

Versehen

Die Schlange kroch,
da sah sie was,
das kroch vor ihr davon im Gras.
Dem schlich sie nach,
sie schnappt' es, schlang
und schlang und schlang,
das Ding war lang.

Dann
wurde ihr urplötzlich klar,
dass das, was sie voll Gier verschlang,
ihr eignes Hinterende war.

Man frisst sich doch nicht selber!
Drum
ließ sie ihr Schwanzstück wieder frei
und sprach zu ihm: »Entschuldigung!«

Müdes, warmes Wetter

Butterstück will fort von uns,
will im Mai spazieren.
»Bleibe, liebes Butterstück,
könnt dir was passieren!«

»Halt die Klapp!«, rief Butterstück
(hat es mir gegeben!).
Später sah ich, wo am Weg
Butterstücklein kleben.

War noch halbe Portion,
klagte übers Wetter.
Sagte ich: »So ist das mal,
wird auch nicht mehr better.«

Was denkt die Maus am Donnerstag?

Was denkt die Maus am Donnerstag,
am Donnerstag,
am Donnerstag?
Dasselbe wie an jedem Tag,
an jedem Tag,
an jedem Tag.
Was denkt die Maus an jedem Tag,
am Dienstag, Mittwoch, Donnerstag
und jeden Tag,
und jeden Tag?
O hätte ich ein Wurstebrot
mit ganz viel Wurst
und wenig Brot!
O fände ich, zu meinem Glück,
ein riesengroßes Schinkenstück!
Das gäbe Saft,
das gäbe Kraft!
Da wär ich bald nicht mehr mäuschenklein,
da würd ich bald groß wie ein Ochse sein.
Doch wäre ich erst so groß wie ein Stier,
dann würde ein tapferer Held aus mir.
Das wäre herrlich,
das wäre recht –
und der Katze,
der Katze
ginge es schlecht!

So geht der Elefantentanz

War ein Mann,
ging durchs Land,
gab allen die Hand
und sagte zu jedem:
»Guten Tag, Elefant!«
(Jeder gibt jedem die Hand)
»Guten Tag, Elefant!«
»Guten Tag, Elefant!«
»Guten Tag, Elefant!«
»Guten Tag, Elefant!«

Elefanten sind wir jetzt,
Elefanten ganz und gar,
ganz und gar
und gar und ganz
und tanzen den Elefantentanz.

Sag!

Nicht zur Schule so wie du
muss das Kalb, das Kind der Kuh.
Denn die Kinder der Kühe, die Kälber,
wissen, was sie wissen müssen, alles bald selber.

»Muh!« zu lernen braucht's keine Mühe
für die Kälber, die Kinder der Kühe.
Aber sag, wärst du deshalb
gern ein Kind der Kuh, ein Kalb?

Draußen und drinnen

Großmutter, Mutter, Vater und Kind
vorm Fernsehkasten versammelt sind.
Von draußen, vom Baum, kann man sie sehn.
Drauf sitzt wer, der kann das nicht verstehn.

»Die Menschen sind seltsam! Mir ist nicht klar«,
spricht zu seiner Frau der Star,
»wie man – wie ausgestopft – hocken mag
im Loch an diesem Frühlingstag.
So schön ist es heut: Vor Glück muss man pfeifen!
Und die sitzen drinnen! Kannst du das begreifen?«

Wenn mein Vater mit mir geht

Wenn mein Vater mit mir geht,
dann hat alles einen Namen,
Vogel, Falter, Baum und Blume.
Wenn mein Vater mit mir geht,
ist die Erde nicht mehr stumm.

Kommt die Nacht und kommt das Dunkel,
zeigt mein Vater mir die Sterne.
Er weiß, wie die Menschen leben,
weiß, was recht und unrecht ist,
sagt mir, wie ich werden soll.

Große Fahrt

Ich steige auf mein Dreirad
und brause los.
Die Straße ist ein langes Ding,
die Welt ist riesengroß.
Aber am Schluss
kommt ein windstiller Ort,
da ist die Welt mit Brettern vernagelt,
da geht es nicht mehr fort.
Dahint' spielen Blindekuh,
Hase und Reh.
Und ich spiele mit.
Ade!

Was rast da für ein Kreisel?

Was rast da für ein Kreisel?
Basso, unser Hund.
Warum rennt er im Kreise?
Das hat seinen Grund.
Er läuft,
dass er sie fange,
und kriegt sie nicht,
die Schlange.
Happ! Er schnappt.
Doch sie ist weg.
Wie der Blitz
flitzt sie ums Eck.
Wie ging's aus?
Wer hat gesiegt?
Hat Basso die flinke
Schlange gekriegt?
Hundertmal fast
und niemals ganz
hat er erwischt
den – eigenen Schwanz.

145

Buchstaben-Geschichte

Einmal
bin ich dagestanden
und habe an nichts gedacht.
Da sind zwei Buchstaben gekommen
und haben mir von hinten
die Augen zugehalten.
Sie haben gerufen:
»Rate! Wer sind wir?«
Ich habe gesagt:
»Wie kann ich das wissen?«
»Sollen wir zaubern,
dass du unsere Namen sagst?«
»Ja.«
Da sind sie mir schnell von links
und rechts
auf die Zehen getreten.
Ich habe gerufen: »Au!«
Da haben sie gelacht.
»Jetzt hast du unsere Namen gesagt!«
Es waren A und U.
Da ist ein S gekommen
und hat sich neben das A gestellt.
»Pfui!«, habe ich gerufen. »Eine ...!«
Da ist das S
geschwind auf die andere Seite gelaufen
und ein H ist herbeigerannt
und hat sich neben das A gestellt.
»Wunderbar«, habe ich gerufen:
»Jetzt habe ich ein ...!«
Aber da ist ein M gekommen
und hat das H weggeschubst.
»Oh«, hab ich gerufen:
»Eine hübsche graue ...!«
Doch jetzt ist ein L gekommen
und hat das M verjagt.
»O weh!«, habe ich geschimpft:
»Was tue ich mit einer ...?«

»Wenn ich dir nicht gut genug bin«,
hat das L gesagt,
»dann gehe ich wieder.«
Das L ist gegangen.
Und was ist mir geblieben?
Nichts als ...

Dabbeljuh

Im Regen steht
ein Dabbeljuh
(was es auch sei)
mit nassem Schuh.

O Einsamkeit!
O graue Welt!
Auf Dabbeljuh
der Regen fällt.

Komm unter meinen Schirm,
komm du
ganz nah zu mir.
Dabbeljuchhu!

Katzen kann man alles sagen

Auf der Treppe saß ein Mädchen,
ein graues Kätzchen auf dem Schoß.
»Dreimal drei ist zwölfundzwanzig«,
flüsterte es ihm ins Ohr.

»Aber ja nicht weitersagen!«
Ernst sah es das Kätzchen an.
Keine Sorge!, dacht ich, als ich's
im Vorübergehn vernahm.

Katzen kann man alles sagen.
Was man auch zu ihnen spricht,
sie verraten kein Geheimnis.
Katzen machen so was nicht!

Die Fichte hat viele 2 G

Die Fichte hat viele 2 G.
2 G, 2 G, 2 G.
Zweige, wohin ich seh.
Dunkelgrüne, mit Nadeln bestückt.
Aber, aber! Aber, aber
was hab ich erblickt?
Da leuchtet ein rotes Kirschenpaar!
Und da noch eines! Da! Und da, da, da!
Welche Pracht! Und ein tolles Wunder sogar.
Du lachst. – Hast du ... Hast du für mich
die Kirschen an den Nadelbaum
gezaubert? Ich umarme dich!

Glück gehabt

Das Wetter war schön. Eine Ameise ging
spazieren durch den Zoo.
Da setzte sich der Elefant
auf seinen dicken, na jo.

Auf seinen dicken Du-weißt-schon-Wen.
Da rief sie erschrocken: »Oh!«
Er hätte sich fast auf sie gesetzt.
Doch fehlte noch ein bisschen was,
ein Millimeter oder so.

Da war sie aber froh.

Verdorbener Magen

Ich kannte einen Tiger,
das war kein feiner Mann,
der aß ohne Messer und Gabel
einen Polizisten samt Säbel.
Als ich ihn fragte: »Wie geht's dir?«, da
sagte er: »Soso, lala.«

Märchen

Da war einmal ein Mann, der sein letztes Pulver verschossen hatte. Manch einer kommt einmal dorthin.

Der Mann war fast ein Junge noch. Er lag in Sand und Thymian auf einem Hügel in einer Mulde.

Die letzte Kugel war durch den Lauf. So schnell war alles aus.

Es war ohnedies verspielt. Der junge Soldat – der jüngste im Fähnlein – hatte als Einziger die Höhe erreicht. Alle anderen lagen hingestreckt unten in der Ebene und den Hang herauf. Der kleine Haufen hatte sich allzu keck vorgewagt und war an eine vielfache feindliche Übermacht geraten.

Aber ja. Plötzlich wusste er es wieder. Da war eine Patrone noch. Die in der Brusttasche, die er eigens dorthin getan hatte, vor Wochen schon, weil sein Freund es ihm riet. Nun war unversehens ihre Zeit gekommen. Es war in diesem grausamen Krieg nicht gut, lebend in die Hände des Feindes zu fallen.

Der Freund war nur drei Jahre älter als er gewesen, aber schon erfahren im Kriegshandwerk, und hatte ihn vieles gelehrt. Jetzt lag er nicht weit den Hügel hinab, der nächste Tote. Er lag seltsam verdreht, das Gesicht den Wolken zugekehrt, die Hand wie nach etwas langend erhoben. Nur fünf, sechs Sprünge noch, und auch er hätte die Mulde erreicht.

Der Soldat holte die Patrone hervor und schob sie in den Lauf. Er tat es ohne Hast. Die vielen dort unten, die eine ungeschützte Strecke zu überqueren hatten, würden alle zugleich losbrechen; das konnte ihm nicht entgehen, und dann blieb ihm immer noch eine Minute. – Graszeug und Ginster, die um die Mulde wuchsen, boten ihm selbst eine gewisse Deckung; noch jedenfalls hatten die andern seinen genauen Standort nicht ausgemacht.

Unwillkürlich schob er das Gewehr vor. Unten, keine vierzig Schritt weit, stand einer hinter einem Baum. Der Mann, ein Korporal, gab eine ganze Körperhälfte frei; der Kerl stand zu schön. Der sollte noch mit auf die Reise; man konnte versuchen, einen bestimmten Knopf zu treffen.

Aber hier lag der Freund. Die allerletzte Kugel, die kostbare, schenkt man nicht her.

Der Junge knöpfte die Jacke auf. Er drückte die Mündung des Gewehrs ans klatschnasse Hemd. Der Lauf drückte gegen das Herz, nicht anders als ein fester Stock.

Ein Käfer mit Flügeln, von denen man nicht sagen konnte, ob sie grün, blau oder purpurn schillerten, kroch im Sand. Er wird leben, wenn ich nicht mehr bin.

Unten bereitete sich etwas vor. Rasche Veränderungen waren zu bemerken, man hörte Zurufe.

Der Augenblick war da. Was denkt man, wenn man nur noch einen Gedanken übrig hat? Der junge Mann dachte: Schade. Schade.

Seine Augen hatten sich auf seine Hand geheftet, auf den Daumen, der in dieser Lage am besten verrichten konnte, was zu verrichten war. Dieser eigene Daumen.

In diesem Moment wurde er fast ärgerlich auf etwas aufmerksam, was sich dicht bei seinem Körper bewegte. Eine Maus. Eine Maus, die zu einem Mausloch rannte, vor dem sie ihm durch heftiges, fast wildes Winken zu folgen befahl.

Der Junge stieß das Gewehr beiseite, kroch, ohne zu begreifen, zum Loch und war drinnen.

Im Gang war es hell oder doch nicht dunkler als draußen an einem Novembertag. Wie ging das zu? Aber alles ist Traum.

Sie hasteten um drei, vier Biegungen. Dann hielt die Maus an und jubelte: »Geschafft! Hier findet uns keiner mehr!«

»Wer bist du?«, fragte der junge Soldat. »Was ist an mir? Warum hast du mich zu dir geholt?«

»Ich bin Ka«, sagte die Maus. »Sag Ka zu mir.«

»Ka«, sagte der junge Soldat. »Ich danke dir.«

»Du«, sagte Ka. »Wir können Mühle spielen.«

Da war ein Tisch, da waren zwei Stühle. Diese Ka, dachte der Soldat, alles an ihr ist hell und richtig.

Beim ersten Spiel gewann die Maus. Beim zweiten gab sie ihm da und dort einen kleinen Rat, und da gewann er.

»Jetzt weißt du's«, sagte Ka.

»Was?«, fragte der Soldat.

»Das«, sagte die Maus und tippte ihm lachend vor die Nase. »Aber jetzt kannst du gehen. Es ist alles vorüber.«

Draußen sah sich der Soldat nach seinem Gewehr um. Es war nicht mehr da. Doch ein Stecken lag da, nach dem er sich mühsam bückte und den er benutzte, als er langsam den Hügel hinunterstieg. Als er beim Verschnaufen den Hut vom Kopf nahm und sich durchs Haar fuhr, blieb auf seiner Hand ein weißes Haar.

Unten fand er ein halb umgesunkenes, von Flechten bedecktes Steinkreuz. Hier lag ein Häuflein fremder Soldaten. Auch das Datum war noch zu entziffern. Es nannte den heutigen Tag. Den Tag, der heute gewesen war und zwischen dem das ganze Leben lag. Zweimal Mühle.

Weißt du noch?

War das ein Tag!
Als wir die Burg auf die Seite schoben,
um zu sehn,
ob ein Schatz drunter lag!
Weißt du noch?
Sag!

Weißt du noch,
was wir da fanden?
Ein Kistchen für dich,
ein Kästchen für mich,
für mich und für dich einen schönen Schatz.
Dann schoben wir die Burg zurück,
wo sie hingehörte, an ihren Platz.

Weißt du noch?
Sag!
War das ein Tag!

Ein kolossales Erlebnis

An einem kolossal schönen Tag war ich in einem kolossalen Wald. Auf einmal kam eine kolossale Ameise und biss mich kolossal in die Wade.

Das tat kolossal weh und ich nahm in kolossalem Zorn einen kolossalen Fichtenzapfen und warf ihn auf die kolossale Ameise.

Aber die kolossale Ameise fing mit kolossaler Geschicklichkeit den kolossalen Fichtenzapfen auf und warf ihn mir mit kolossaler Wucht an den Kopf.

Da schrie ich so kolossal laut: »Au!«, dass die kolossale Ameise einen kolossalen Schreck bekam und zwischen den kolossal vielen Bäumen kolossal schnell davonlief.

Kannst du noch kolossaler lügen? Kolossal ist kein kolossal schönes Wort, aber wenn man kolossal aufschneiden will, passt es kolossal gut.

Lügengeschichte

Ich ging und ging,
sang trallala.
Als ich genug gegangen war,
was glaubt ihr wohl, wo war ich da?

Da stand ich vor der
Himmelstür.
Gut getroffen,
dacht ich mir.

Die goldne Tür,
ich schau sie an:
Ein netter Zettel
hing daran.

»Putz dir gut die Stiefel ab!«,
stand säuberlich geschrieben drauf.
»Dann sing ein Lied – doch ja nicht falsch!
Tust du das, macht man dir auf.«

Hm, hm. Ach ja,
ein feiner Ort.
Doch ich, was tat ich?
Ich ging fort.

Ging
und stand am Ende vor
dem schwarz verrußten
Höllentor.

Krakelig
stand drauf geschrieben
(Rechtschreiben, Note:
ungenügend):

»Befeel! Erst welz dich
im Mohrast.
Dan fluche laud, damid man höhrt,
das du zu uns bast!«

Befehl? Ha, ha!
Ich tu's nicht, nein!
Flucht ohne mich!
Ich gehe heim!

Nach Hause ging ich,
trallala.
Beweis: Jetzt bin ich
wieder da.

»He, Sie!!!«

Durch unsre Gegend spazierte,
die Landschaft mit Tritten verzierte
ein Saurier, hoch und dick
wie eine Fabrik.

Mir blieb die Spucke weg: Solch ein Vieh!
Doch als er mir durch die Radieschen marschierte,
da rief ich: »He, Sie!!!«

Der Traum

Er geht zur Nachtzeit um
auf samtnen Sohlen.
Wenn du erwachst,
hat er sich fortgestohlen.

Hui, ist er weg!
Doch manchmal noch nicht ganz:
Dann, schnell, fass zu,
ergreife ihn am Schwanz!

Ja, zieh, zieh her!
Dann hast du ihn vor dir:
ein wunderseltsames,
ein schönes Tier.

Zwei auf einem Sessel

Eine Reißzwecke, die
lag bequem
auf einem Sessel.
Außerdem
machte sich's darauf bequem
der dicke Herr Wessel.

Herr Wessel rief: »Iiii!«,
und stand auf,
so schnell wie sonst nie.

Ich und die Maus

Wer läuft auf vieren?
Der schwarze Kater.
Wer geht spazieren?
Mutter und Vater.
Wer bleibt zu Haus?
Ich und die Maus.
Wir sitzen und plaudern
von tausend Sachen,
Sachen zum Schaudern,
Sachen zum Lachen:
Und was bekommt die Maus von mir?
Ein Stücklein Wurst, ein Schlücklein Bier.

Mira, Miranda, Amanda

Das Mäuslein Mira saß allein
und stillvergnügt im Dämmerschein,
da kamen noch ins Kämmerlein
Miranda und Amanda.
»Bei dir, o Mira, ist es fein,
du hast ein Haus, doch nicht aus Stein!«

Gleich bissen in die Wand hinein
Miranda und Amanda.

Doch Tante Frieda kam herbei,
sie schnitt den Kuchen schön entzwei,
da sah sie – und tat einen Schrei –
die Mäuslein alle drei.

Die Kröte

Wenn die blanke Sonne sich verschlüpft,
kriecht die Kröte aus dem Loch und hüpft.
Wenn ich ihr begegne ab und an,
schaut sie mich mit goldnen Augen an.

Frühlingsblumen, Ostereier

Tulpen und Narzissen wachsen
farbenprächtig ganz allein.
Doch ans Werk! Den Ostereiern
müssen wir behilflich sein.

Auf die Schalen malen wir
Zickzackbänder, Tupfen, Ringe,
braune Hasen, gelbe Küken,
blaue Blumen, Schmetterlinge.

Manche Eier kriegen Augen,
Mund, Kinn, Nase und so weiter,
und schaun dann den Frühling an
mit Gesichtern, ernst und heiter.

Der Zeisig

Zur schönsten Zeit,
im März, April,
ist er stundenlang nicht still,
so fleißig,
fleißig, fleißig
singt der Vogel Zeisig.
Er tut es nicht fürs Geld,
er hat kein Konto auf der Bank,
er tut's, weil's ihm gefällt.
Er singt aus lauter Lust,
der kleine Vogel Zeisig,
der mit der gelben Brust.

Buchstabensuppe

Ein Frühlingsgedicht,
eine Räubergeschicht
schwammen lose
in einer Soße.

Sabine war alles schnuppe.
Sie löffelte sich in den Hals
das Frühlingsgedicht,
die Räubergeschicht,
den Fußballbericht,
die ganze Buchstabensuppe.

Wir drei

Draußen hat jemand geniest.
Zum Wohl, Mann (oder Frau)!
Er (sie) tat dies laut
und, wie es klang, mit Vernügen.

Hier vor mir auf dem Tisch
putzt ihre Flügel
eine kleine Person
aus dem Volke der Fliegen.

Es dunkelt.
Die Erde trägt sacht
ihn (sie) und uns beide
hinaus in die weltweite Nacht.

Das Abenteuer eines Königssohns

Ein Königssohn fuhr über das Meer. Da brausten Stürme daher und trieben das Schiff bald hierhin, bald dorthin. Monate verstrichen. Als der Sturm sich endlich legte, wusste der Königssohn nicht mehr, wo er sich befand. Lange segelte er dahin, doch keine Küste wollte sich zeigen. Da gewahrte er eines Morgens in der Ferne etwas wie eine Insel. Hocherfreut ließ er in diese Richtung steuern. O Wunder! Je näher er der Insel kam, desto deutlicher ertönte eine unbeschreiblich schöne Musik. Doch um die ganze Insel lief eine hohe, hohe Mauer. Nirgends vermochte das Schiff anzulegen.

Nirgends war ein Tor oder irgendeine Öffnung zu entdecken, durch die man hätte in das Innere gelangen können. Und immerfort ertönten hinter der hohen Mauer die wundersamen Klänge, dass ihnen das Herz wie ein Vogel hätte entgegenfliegen mögen.

»Auf!«, rief der Königssohn, als er vergeblich um die ganze Insel gesegelt war. »Einer soll die Mauer erklettern und nachsehen, woher diese wunderbare Musik kommt!«

Mit großer Mühe kletterte der geschickteste Matrose auf die hohe Mauer. Kaum war er oben, klatschte er entzückt in die Hände und sprang auf der anderen Seite hinunter. Der Königssohn schickte einen zweiten auf die Mauer. Doch auch dieser stieß, oben angekommen, einen hellen Jubelruf aus und sprang drüben hinab. Dem dritten knüpfte der Königssohn einen Strick um den Leib. Und als auch er alles vergaß und hinunterspringen wollte, da rissen ihn die anderen zurück auf das Schiff. Alles drängte sich um ihn, was er denn auf der Insel Herrliches gesehen habe. Er aber konnte ihnen nichts erzählen - er war vor Freude stumm geworden! Mit traurigem Herzen segelte der Königssohn weiter und ein günstiger Wind trieb ihn bald darauf wieder zu dem Schlosse seines Vaters zurück ...

Es darf geseufzt werden

Tief in der Brust ein Seufzer schlief,
Seufzer schlief,
Seufzer schlief.
Zentnerschwer
lag er in der Kammer.
Seufzer wachte auf.
Kam hervor,
flog empor,
ein Urtier, grässlich, wunderlich,
flog mit allem Jammer
fort in alle Fernen.
Flog auf Nimmerwiedersehn
zu Sonne, Mond und Sternen.

Wie's damals war

Ritter Robert reitet,
von seinem Sohn begleitet.
Sie reiten über Berg und Tal,
sie reiten durch die Nacht
und auf der wackligen Brücke
geben sie gut Acht.

Ich male dir …

Ich male dir ein Burggemäuer
sowie ein wildes Ungeheuer.
Jetzt kannst du nicht durchs Tor,
der Drache sitzt davor.

Doch wart, bis er spazieren geht,
dann wandre durch die Tür.
Im Schloss liegen tausend Edelsteine,
die gehören alle dir.

Das kommt davon

Es wohnte Graf Korbinian
in einem Schloss aus Marzipan
mit seinen sieben Knaben.

O Knaben, lasst das Knabbern sein!
Der Wind bläst, wo er will, herein
durch Löcher, rechts, links, hinten.

Die Knaben aßen auf das Haus.
Das schöne Schloss. Damit war's aus.
Sie standen auf der Wiese.

Sie standen bleich, sie standen stumm.
Sie standen da so seltsam krumm
und hielten sich den Magen.

Sie sagten (so sprach mancher schon):
Da haben wir's! Das kommt davon.
Von zu viel Süßigkeiten.

W-Gespräch

Was stehst du beim weißen Wacholder hier,
wedelnd und winselnd im Winterwald?
Wartest du, Wolf, auf die Post?
Ist dir, Wolf, ohne Wollsocken kalt?
Wild weht der Wind aus Nordost.

Oder willst du, Wolf, Wurst?
Eine Wurst hab ich bei mir.
Wolf, Maul auf, ich schenk sie dir!

Wenn, ja wenn …

Hat's dir nie gegruselt,
gruselt's dir jetzt.
Wollen wir wetten?
Gleich bist du entsetzt!

Wie eine Riesenfledermaus
fliegt einer des Nachts,
kurvt er um dein Haus.

Sein Gesicht ist blassbleich
von Durst und von Gier.
Zähne wie Dolche:
Solche hat der Vampir!

Zu dir – dir – dir
will er hinein!
Ist er bei dir,
schreist du: »O nein!«

Drauf er: »O ja!«
Er tut's! Dein Blut,
es schmeckt ihm leider
sehr. – Na gut.

Ich geb's ja zu,
ich log. Doch wenn,
wenn es ihn gäbe,
wenn, ja wenn:
Du hättest Angst,
wie ich dich kenn!

Der Faden

Es war einmal ein Faden,
der lag da wie ein Strich.

Der lag da und langweilte sich.
»Was tu ich? Ich ringle mich!«

Er ringelte sich zur Spirale.
Und dann mit einem Male

machte er aus sich draus
eine Schnecke mit ihrem Haus.

Gleich wurde was Neues gemacht:
Heidiwitzka, eine 8!

Bald drauf eine Dickedull,
eine kugelrunde Null.

Dann noch, mit viel Geschick,
ein Fisch, ein Meisterstück!

»Was kann ich jetzt noch sein?«,
dachte der Fisch. Da fiel ihm was ein.

»Ich schlängle mich als Schlange –
wenn wer kommt, dann wird ihm bange!«

Dass wer kommt –
drauf wartet er schon lange.

Ungenügend

Ich kannte einen Regenwurm,
der sich dreimal ringelte,
wenn man dreimal klingelte.
Doch sprach Professor Friedrich stur:
»Das reicht noch nicht zum Abitur!«

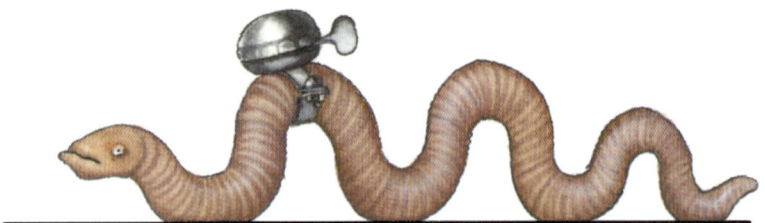

Ganovenpech

Ich kannte Gangster, drei Stück,
die versuchten bei Banzigs ihr Glück.
Sie knackten nachts den Tresor.
Doch was zogen sie hervor?
Nur Butter, und die war ranzig,
lag im Tresor von Firma Banzig.

Gescheite Familie

Ich kannte ein Roboterpaar,
das lachte gar
nie.
Aber das Robotersöhnchen
rechnete schon mit Milliönchen.

In Dallas

Eine Fliege störte beim Mittagsschlaf
einen müden Gangster in Dallas.
Der schlug alle Tische und Stühle entzwei
und alles und alles und alles.
Nur die Fliege traf er nicht.
Sie lebt noch heute in Dallas.

Bitte sähr!

Ich sprach einmal mit einem Herrn,
ist noch nicht lange her.
Der redete im Bärenbass
drei Stunden ohne Unterlass.
Jetzt räde ich wie är.
Jetzt brumme ich wie ein hohles Fass
im Bärenbass:
»Mein Bäster, bitte sähr!«

Krrr!!!

Ein Löwe,
der allergrößte,
lag im Gras
und döste.

Franz, der kleine
Affe, ging
zu dem großen
Löwen hin.

Ging näher – näher
– näher hinzu.
Hustete. Und sagte:
»Du!

Ich frag dich was.
Wie heißt du denn?
Jakob?
Oder Benjamin?«

Verriet der Löwe,
wie er hieß?
Nein. – Der kecke
Franz tat dies:

Er zog den Löwen
schnell am Schwanz.
»Krrr!«, knurrte der Löwe.
Zum Baum sprang der Franz.

Und wie der Blitz
am Baum himmelwärts
klomm der Franz
mit pumperndem Herz.

Obendroben
sagte er laut
zu seinen Freunden:
»Ich hab mich getraut!«

174

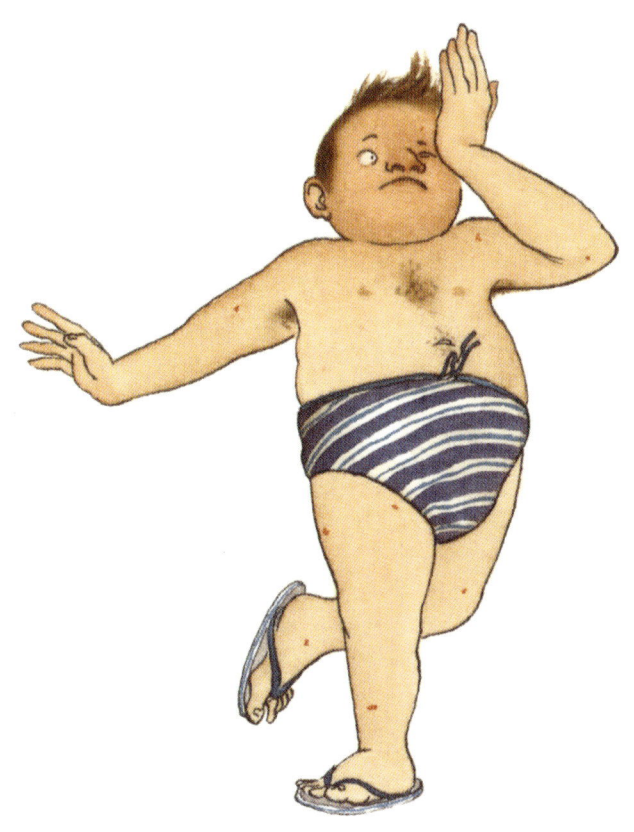

Feriensport

Ein Herr in Badehose stand
an einem wunderschönen Strand.
Der schlug sich vor die Stirn. Wieso?
Doch schlug er sich auch anderswo:

auf Schenkel, Schulter, Buckel, Bauch,
auf Hals, Ohr, Kinn, Knie, Wade auch.

Der Herr war, unter uns gesagt,
im Augenblick auf Mückenjagd.

Die Jagd schien sich zu lohnen:
Es trieben sie viele Personen!

Geburtstag mit Jakob

Christine hatte einen Papagei. Er war grau, hatte einen feuerroten Schwanz und konnte sprechen. Wenn Christine mittags nach Hause kam und sich an die Hausaufgaben machte, flog er herbei, setzte sich aufs Heft und schrie: »Guten Morgen, guten Mittag, gute Nacht, wie hast du geschlafen, schönes Wetter heute, wenn das so weiterregnet, gibt es eine Überschwemmung, darf ich nachgießen, dreimal drei ist Dienstag, hallo, Telefon, hier Jakob, wer dort, machen Sie gefälligst den Mund zu, wenn Sie mit mir reden!«

»Jakob, jetzt hast du genug Unsinn geschwätzt«, schimpfte Christine. »Hör endlich auf, ich muss arbeiten!«

Aber Jakob hörte nicht auf zu plappern. Wenn er mit Christine allein war, ging das wie ein Wasserfall. Doch wenn Besuch da war, schwieg Jakob wie das Grab.

Das ärgerte Christine, denn alle, die kamen, wollten natürlich Jakob sprechen hören.

Einmal, als Christine Geburtstag hatte, waren Helga, Karin, Susanne und Susannes Bruder Martin bei ihr.

»Du hast geschwindelt«, sagten sie zu Christine. »Der kann ja gar nicht reden.«

Der Papagei saß auf dem Schrank und regte sich nicht. Man wusste nicht, hatte er die Augen geschlossen oder sah er durch einen Spalt her.

»Jakob, sag guten Tag!«, rief Karin.

»Jakob, wie alt bist du?«, rief Martin.

»Jakob, wie heißt du?«, rief Helga.

Jakob saß da wie ausgestopft.

»Der weiß nicht einmal, wie er heißt«, sagte Helga.

»Jakob, du bist dumm!«, rief Susanne.

Da schimpfte der Papagei plötzlich los. »Selber dumm! Selber dumm! Selber dumm!«

Erst saßen alle verdutzt, aber dann lachten sie laut: »Jakob, jetzt hast du dich verraten!«

Das ärgerte Jakob. Er schoss durch die Luft heran, und ehe die Kinder begriffen, was er plante, hatte er einen Zuckerbrocken gepackt. Den ließ er aus der Höhe in Susannes Tasse fallen, dass ihr der Tee ins Gesicht spritzte.

»So eine Frechheit!«, schimpfte Susanne.

Christine suchte sie zu beruhigen: »Jakob hat das nicht bös gemeint.«

Aber das ließ Jakob nicht gelten. »Doch! Doch! Doch!«, krächzte er.

Nun mussten alle lachen und auch Susanne lachte mit.

»Jakob, du hast dich jetzt gerächt«, rief Christine. »Und alle wissen nun, dass du sprechen kannst. Komm her und erzähl uns was!«

Da flog der Papagei auf den Tisch und es wurde ein lustiger Nachmittag.

Sie tat es!

Susanne, ein Mädchen in Genf,
verzierte den Kuchen mit Senf
sowie mit dem Rest des Spinates.
Ja, tut man das? Doch sie tat es.
Sie tat es! Sie tat es! Sie tat es!

Besuch im Sommer

Er hat nicht am Gartentürchen geklingelt.
Ach wo!
Über die Hecke ist er gekommen,
einfach so.

Wir schrien nicht: »Aber, aber!«
Wir waren nicht empört.
Wir riefen: »Welch Überraschung!«
Und fühlten uns hoch geehrt.

Ein Fest war's, als der Falter
zu Gast im Garten war,
der schwarz-weiß-feurig-rote,
der prächtige Admiral.

Zwei Gabeln

Löffel, Gabel, Messer
kennen alle Esser.
Aber nimm die kleine Gabel,
sie genügt für deinen Schnabel.
Die große will, ich meine,
andres Futter stechen.
Drum lass in der Scheune
Sense, Gabel, Rechen.

Fiftifeif und Twentifor

Der eine hieß Fiftifeif, der andere Twentifor*. Leute, die so heißen, trifft man nicht in Bonn, nicht in Bern und nicht in Klagenfurt. Unter uns gesagt, die beiden lebten überhaupt nicht hier, sondern auf einem ganz anderen Planeten. Dort war überhaupt vieles anders. Zum Beispiel hatte dort jeder eine ganz besondere Fähigkeit.

Was Fiftifeif betrifft, so war er gut im Hüpfen. Er schaffte es spielend – aus dem Stand! –, über den dreistöckigen Wohnblock zu hüpfen, in dem er wohnte.

Eines Tages im Oktobruar (so heißt dort ein Monat, in dem es sehr viel regnet, ungefähr so viel wie bei uns im Februarmärzapril) stand Fiftifeif hinterm Haus und wollte auf die Vorderseite. Also ging er kurz mal in die Knie und schnellte sich hoch. Dort, wo er drüben landete, war zufällig eine Riesenpfütze, und neben dieser Pfütze stand zufällig Twentifor. Als die Fontäne sich legte, sah man Twentifor wieder. Er stand da wie ein begossener Pudel.

Twentifor: »Warte, Schuft! Dir reiße ich gleich sämtliche Ohren aus!«

Fiftifeif wartete natürlich nicht, sondern hüpfte sofort zurück.

Aber Twentifor kann auch etwas! Twentifor ist Meister im Kurvenrasen.

Fiftifeif kommt eine knappe halbe Sekunde früher drüben an. Twentifor versucht eine Vollbremsung, doch der Zusammenstoß ist unvermeidlich.

Nun saßen beide auf der Erde. Kleine Besinnungspause. Dann erhoben sie sich.

»Übrigens«, sagte Twentifor, »das vorhin, das habe ich natürlich nur so im Spaß gesagt.«

»Ach so«, sagte Fiftifeif.

Und dann plauderten sie noch ein wenig miteinander über irgendein Match, das morgen stattfinden sollte.

Das alles hätte sich bei uns ganz anders abgespielt.

* Twentifor könnte natürlich auch Twentitu heißen, wie auf dem Bild zu sehen ....

Der Kater Kurfürst Wenzeslaus

Ab und zu streicht um mein Haus
der Kater Kurfürst Wenzeslaus.
Mag sein, dass er ganz anders heißt,
jedoch: Er sieht so aus.

Wenn er durch meinen Garten geht,
so leicht, so beinah kaiserlich,
und mich mit einem Blick beschenkt:
Was denkt er – denkt er über mich?

Wo stammt er her? Wo treibt's ihn hin?
Geheimnisvoll streift er herum.
Bald taucht am hellen Tag er auf,
bald in der Dämmerung.

Hat Sorgen er wie unsereins?
Was ist's, was ihm gefällt?
Nichts weiß ich. – Ach, ein jeder ist
eine eigne Welt.

Wegwarte

Da stehst du am Weg,
stehst immerzu.
Wegwarte am Weg,
auf wen wartest du?

Mit blauen Augen
schaust du mich an.
Was weiß ich,
was ich dir sagen kann?

Wegwarte, rauhe,
du bist schön, du bist da.
Du bist du, ich bin ich.
Was lebt, ist sich nah.

Besuch im Monat Mai

Es gingen einmal drei
an meinem Haus vorbei
im schönen Monat Mai,
drei hübsche Pusteblumen.

Der Wind kam, der schlimme, mit Brause,
da riefen die drei voller Grausen:
»Hilfe, der will uns zerzausen!«,
und eilten zu mir in das Haus.

Ich sagte: »Hereinspaziert, ihr!
Hier seid ihr sicher, bei mir.
Willkommen! Jetzt trinken wir vier
Tee miteinander!«

Dann war er, der Schlimme, vorüber.
Sie sagten: »Wir danken dir, Lieber!
Schön war's!« Dann gingen sie wieder,
die hübschen Pusteblumen.

Dieses hat sich zugetragen

Dieses hat sich zugetragen:
Würdig wurde er begraben,
er, der immer fröhlich blickte,
der die Kleinen lang entzückte.

»Ja, wir gönnten euch die Freude«,
sprachen ernst die Eltern beide.
»Jetzt seid ihr groß genug – der dort,
der Gartenzwerg muss endlich fort!«

Die Kinder dachten nach, und dann
beschlossen sie, den kleinen Mann,
den sie einmal gerne hatten,
in stiller Ecke zu bestatten.

So gruben sie ein kleines Grab,
streuten Blumen da hinab,
betteten ihn schön zur Ruh
und schütteten die Grube zu.

Dem Gartenzwerg zu Ehren sangen
Lieder sie, die schaurig klangen.
Darauf hielt noch jedes eine
Abschiedsrede, eine kleine.

Martin war es, der es sagte,
der zu prophezeien wagte:
»Ruhe sanft! In tausend Jahren
wirst du wieder ausgegraben!

Und dann ruft man: Wunderbar!
Die Figur zeigt sonnenklar,
wie sie einmal alle waren,
friedlich, freundlich, stillvergnügt,
unsre fernen Urvorfahren,
damals, einst vor tausend Jahren!«

Hättest du das auch gewusst?

Mit wiegenden Schritten wanderten sie,
ein braunes, stattliches Paar,
hinunter die lange Lindenallee,
Trampeltier und Dromedar.

Erhobenen Hauptes schritten sie,
Dromedar und Trampeltier,
als blickten sie fernen Oasen entgegen
in Wüsten, fern von hier.

Das eine trug einen Höcker als Zier,
das andre trug deren zwei.
Man sah ihnen nach, man fragte sich,
welches wohl welches sei.

»Das Dromedar, hat es einen, hat's zwei?
Du weißt doch alles genau!«,
so wurde auch ein berühmter Professor
gefragt von seiner Frau.

»Es hat ... Nein, es hat ... Wie ist das nur?«,
sprach der gelehrte Mann.
»Es fällt mir nicht ein, doch ich habe es
bestimmt gewusst irgendwann.«

Drauf rief ein Junge, der dieses vernahm,
Till hieß er: »Der Fall ist doch klar:
Zwei Höcker hat das Trampeltier,
nur einen das Dromedar!«

Das o und alle drei e

Das o und alle drei e
gingen auf Urlaubsreise –
da knurrte das Dnnrwttr
nur noch merkwürdig leise.

Elefant auf Wanderschaft

Elefant
ging durchs Land,
wurde müder,
müder.

Sessel stand
vor unserm Haus.
Elefant
denkt: Ich setz mich lieber.

Elefant setzte sich.
Sessel setzte selber sich
nieder, nieder,
nieder.

Elefant ruht sich aus,
ruht sich aus
vor unserm Haus.
Und dann geht er wieder.

Spaghetti

Es war einmal ein Junge, der an einem schönen Sommertag ein paar Kühe hütete, und als sich die Tiere am Nachmittag niederlegten und wiederkäuten, legte er sich auch ins Gras, schaute den Wolken zu, die über den blauen Himmel fuhren, und dachte sich was Schönes aus – König zu sein, so dachte er sich, das müsste lustig sein, und nicht lange, dann fielen ihm die Augen zu, er schlief ein, und im Traum war er wirklich und wahrhaftig ein König, ein richtiger König mit goldener Krone und goldgesticktem Gewand, aber ich weiß nicht, wie's zuging, vielleicht brannte ihm die Sonne zu sehr auf den Kopf, jedenfalls war's im Traum gar nicht lustig, ein König zu sein, ganz im Gegenteil, er saß da nämlich, umringt von tausend Menschen, mitten auf einem

Marktplatz vor einer Riesenschüssel Spaghetti, denn er war zu Besuch in einer fernen Provinz seines Reiches, und da hatten ihm die Leute ihr Nationalgericht, Spaghetti, vorgesetzt, und weil er, der König, es war, hatten sie eine besonders große Schüssel bis über den Rand mit besonders langen Spaghetti gefüllt, und diese Riesenschüssel musste er leer essen, ratzeputz leer, sonst wären die Leute beleidigt gewesen, dabei hatte er noch nie in seinem Leben Spaghetti gegessen, Spaghetti essen, das will gelernt sein, hierzulande konnte das jedes Kind, er aber, er hatte keine Ahnung, wie man das richtig macht, er saß da, die Gabel in der Hand, und hatte den Mund so voller Spaghetti, dass er kaum mehr kauen konnte, und die Spaghetti hingen aus seinem Mund, und wie er es auch anstellte, die Spaghetti, die aus seinem Mund hingen, nahmen und nahmen kein Ende, und ringsum standen die Leute und schauten ihm zu, wie er sich plagte, die weiter hinten standen, reckten die Hälse, und ganz vorn drängten sich die Kinder, und die Kinder wurden immer mehr, denn immer wieder schob sich eins zwischen den O-Beinen eines Generals durch nach vorn, und die Kinder rissen Mund und Augen auf und hätten auch gern was von den Spaghetti gehabt, und er hätte ihnen so gern alle geschenkt, aber da half alles nichts, er musste die Spaghetti aufessen, er ganz allein, es war fürchterlich, der Schweiß rann ihm in Bächen von der schweren goldenen Krone übers Gesicht und unter dem schweren goldgestickten Gewand den Rücken hinunter, und wie dieser Satz kein Ende findet und ohne Punkt weiter und weiter geht, so nahmen und nahmen die Spaghetti kein Ende, und wer weiß, wie lange es mit diesem Satz und mit den Spaghetti noch so weitergegangen wäre, hätte sich da nicht plötzlich etwas Unerwartetes ereignet, der König schrak zusammen – und der Junge wachte auf, weil ein Kalb, das auch bei der Herde war, herangekommen war und ihn mit der Schnauze angestoßen hatte.

»Maxl«, sagte der Junge und kraulte dem Kalb, das Maxi hieß, die Locken auf der Stirn: »Das war eine gute Idee von dir, mich aufzuwecken!«

Besuch

War ein Ries' bei mir zu Gast,
sieben Meter maß er fast,
hat er nicht ins Haus gepasst,
saßen wir im Garten.

Weil er gar so riesig war,
saßen Raben ihm im Haar,
eine ganze Vogelschar,
die da schrien und schwatzten.

Er auch lachte laut und viel,
und dann schrieb er mir zum Spiel
– Bleistift war ein Besenstiel –
seinen Namen nieder.

Und er schrieb an einem Trumm:
MUTAKIRORIKATUM.
Ebenso verkehrt herum,
ja, so hieß der Gute.

Falls ihr einen Riesen wisst,
dessen Name also ist
und der sieben Meter misst,
sagt, ich lass ihn grüßen!

Geburtstagsbrief

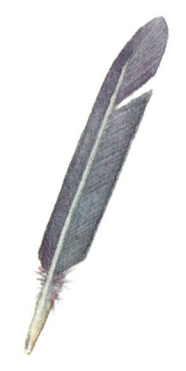

Als ich ging, da fand ich was.
Ei der Daus, von wem ist das?
Dieses lila Federchen?
So was hat nicht jederchen!

Was, zum Beispiel, was hast du?
Heut Geburtstag, und dazu
wünsch ich dir, das weißt du doch,
recht viel Gutes, noch und noch.

Die Eule

Die Eule wacht in tiefer Nacht,
mit großen Augen gibt sie Acht,
hört jedes Wispern, noch so leis,
und weiß gar viel, was ich nicht weiß.

Frau Holle

Hoch über unsern Köpfen sitzt Frau Holle
und sinnt, ob sie die Betten schütteln solle,
ob heute schon, ob morgen oder wann?
O mach dir keine Sorgen, Frau, fang an!
Du bist doch alt genug und hast's erfahren
im letzten Jahr und schon vor tausend Jahren,
dass alle Kinder jubeln, weil sie's lieben,
wenn hunderttausend weiße Flocken stieben.

Schnee im Dorf

Wohin man schaut, lümmeln sie auf den Hecken, dick und weiß und faul, und drücken die Zweige nieder. Schneebären!

Auf den Ästen der Obstbäume liegen sie zu Aberhunderten: Schneemarder und Schneemäuse! Schneepudel! Schneepumas! Und dort gar, in der großen Astgabel, ein richtiger Schneenikolaus!

Hubers haben einen Zaun. Der gilt nicht mehr. Schnee steigt von der Straße in Hubers Garten. Und von Hubers Garten in Auerbachs Garten.

Schnee.

Schnee.

Und es schneit noch immer.

Am Weg steht ein Nilpferd, bis hoch über die Ohren eingeschneit. Vielleicht stößt man auch, wenn man nachgräbt, auf ein Auto.

Ich gehe mitten auf der Straße.

Heute fährt nur, wer wirklich muss. Keiner muss wirklich.

Ich tue einen spaßigen Gang. Zum Postkasten. Unterm Mantel, in der inneren Rocktasche, trage ich einen Brief nach Graz. Ich hätte auch draufschreiben können: Paradies. Oder Atlantis. Es gibt nur noch das Dorf. Und vielleicht noch die Flur drum herum. Und wenn's hochgeht, den Wald auf dem Hügel.

Ein Schneemann kommt auf mich zu. Wir bleiben stehen und reden ein paar Worte miteinander.

Heute redet jeder mit jedem.

So ein Tag ist das.

Der Mann im Schnee

Winter ist es. Draußen steht
einer, der nicht weitergeht.
Verlassen steht er dort im Schnee,
der dicke Mann, geh zu ihm, geh
und sprich mit ihm! Sag: »Guten Tag!
Wie geht es Ihnen?« Oder frag:
»Wie spät ist es! Wo sind Sie her?
Wie heißen Sie? Liegt Bonn am Meer?
Wie viel ist zwei und acht und vier?
Was ist der Hering für ein Tier?«
Stelle ihm noch tausend Fragen –
keine Antwort wird er sagen.
Er bleibt stumm.
Nimm's nicht krumm.
Er weiß nicht einmal, wie's ihm geht,
der weiße Mann, der draußen steht.

194

Der Rabe am Bach

Ein alter Rabe
stand am Graben.
Er dachte:
»Soll ich springen?
Ach,
ach,
ach,
viel zu breit ist der Bach!
Doch wozu habe ich Flügel?«
Da flog er über den Bach
bis auf den nächsten Hügel.

Im Unwetter zu zweit

Einmal
– o wie hat's geregnet! –
bin ich einem Schirm begegnet.
Unterm Schirm warst du.

Ich war bei dir im Nu.
Wie war das schön,
wie war das schön,
zusammen unterm Schirm durch den Regen zu gehn.

Der trommelte uns aufs Dach.
Wir stapften wie durch einen Bach.
Und als die Donner krachten,
rat einer, was wir machten!
Wir sahn uns an
und lachten!

Nacht in der Wildnis

Zwei Augen funkeln.
Ein Tiger im Dunkeln!

Vier Augen
Zwei!

Sechs Augen
Drei!

Sie zwinkern uns zu:
Macht's gut, ihr dort!
Und gehen
auf leisen Sohlen fort.

Wer weiß, wie viel wacht,
wer weiß, wie viel sacht
rings um uns wandert
in samtener Nacht.

Abends

Was tu ich allein noch?
Ich denk mir was aus. Die
Spielkarten nehm ich und
bau draus ein Haus.
Da steht es. Ich blas mal.
Schon fällt das Haus ein. Da
liegt's auf dem Haufen. Das
Unglück ist klein.
Ich mag noch nicht schlafen. Was
fang ich noch an?
Da liegt ja mein Heft!
Ich schreib einen Roman!
Ich fabrizier mir
ein Ding nagelneu.
Auf anderthalb Seiten
passiert allerlei!
Ich les es und lache. Es
liest sich ganz nett.
Das war's für heute.
Jetzt geh ich ins Bett.

Im Versteck

Dem Hasen klopfte,
klopf – klopf – klopf – klopfte das Herz.
Der Fuchs ging vorbei ...

Ich wünsche mir einen Stift

Ich wünsche mir einen Stift
mit leserlicher Schrift,
einen Stift, der sein Handwerk kennt,
einen wieselflinken, der rennt,
der einen Brief schreibt im Nu
und »Tausend Grüße!« dazu.

Der nichts braucht als viel leeres Papier,
und auf das Papier schreibt er mir
– das Tollste weiß er zu berichten –
funkelnagelneue Geschichten,
und, kommt er in Fahrt ab und an,
sogar einen ganzen Roman.

Er malte sie ganz genau

Mit feinem Pinsel malte
ein Mann aufs weiße Papier
Vögel, hübsche, bunte.
Am Ende waren es vier.

Er malte mit viel Liebe,
er malte sie ganz genau:
den Buchfink und die Meise,
den Dompfaff und seine Frau.

Sie guckten mit schwarzen Augen,
ganz ruhig saßen sie dort.
Da musste der Maler niesen –
husch, flogen die Vögel fort.

Er sah ihnen nach, dann fing er
wieder zu malen an:
jetzt einen bunten Papagei,
einen solchen aus Porzellan.

Der Buntspecht

Jetzt singt im Wald, wer singen kann,
vor Frühlingsglück nach langer Not.
Und einer trommelt, dass es schallt:
der Buntspecht schwarzweiß-feuerrot.

Fünf Sprotten

Lang ist's her, hundert Millionen Jahre und mehr, da schwammen fünf Sprotten in einem Meer hin und her. Hundert Millionen Jahre, das ist nicht auszudenken, so lang. Und Sprotten sind winzige Fische. Hätte es damals schon Menschen gegeben, hätten sie gesagt: So ein Fisch ist nicht länger als ein Finger.

Zu jener Zeit lebten Tiere, so gewaltig, dass sie einen Elefanten hätten zertreten können. Ungezählte Tiere in oft abenteuerlichen Gestalten stapften über die Erde, wateten im Wasser, durchpflügten die warme Flut, schwangen sich durch die Luft. Jedes lebte sein Leben, jedes starb seinen Tod.

In jenem versunkenen Erdzeitalter lebten auch fünf winzige Fische. Eine schlammige Woge erfasste sie und warf sie an den Strand. Die tropische Sonne buk den Kalkschlamm zu Stein.

Die Jahre vergingen. Was sage ich? Die Jahrhunderte, die Jahrtausende, die Jahrmillionen. Tiere, die einmal die Erde beherrscht hatten, verschwanden, als habe es sie nie gegeben. Neue Tiergestalten traten auf. Die Pflanzen brachten immer schönere, immer vollkommenere Blüten hervor.

Menschen erschienen. Menschen, die ihre Lieder hatten, ihre Lebensart, ihre Bräuche. Ihnen folgten andere Menschen mit anderen Sprachen, in anderer Tracht, mit anderen Sitten.

Wo einmal Meer war, wogen heute Hügel. Wälder breiten sich aus. Dazwischen erstrecken sich Wiesen und Äcker. Da und dort liegt ein Dorf.

In einem kleinen Steinbruch steht ein Mann. Die Felder ringsum gehören seinem Bruder, er selber hat den Steinbruch vom Vater übernommen. Mit einem Brechwerkzeug hebt er vorsichtig Steinplatte um Steinplatte ab. Den Kalksteinplatten gibt er gleich an Ort und Stelle eine grobe Form, indem er überstehende Ecken abschlägt. Dann schichtet er die Platten aufeinander. Sie müssen noch geschliffen werden und können dann als Wand- und Bodenbelag und für andere Zwecke verwendet werden. – In dieser Gegend, im Jura, gibt es viele Steinbrüche, große und kleine. Heute hat der Mann Besuch. Rainer, der in einem nahen Ort mit den Eltern die Ferien verbringt, ist gekommen und schaut ihm schon zwei Stunden aufmerksam bei der Arbeit zu.

Wieder hebt der Mann eine Steinplatte ab. Da kommen sie plötzlich wieder ans Licht, fünf kleine Fische, die kein Auge mehr sah, hundert Millionen Jahre lang. Wie im Tanz erstarrt, liegen sie, zu Stein geworden, auf der unteren Platte. Die obere zeigt ihr Bild als hohlen Abdruck.

Der Mann nimmt einen Bleistift, zeichnet um die Fische ein Rechteck und schlägt rings das Überflüssige mit einem Hammer ab. Dann sagt er: »Möchtest du sie haben? Ich seh's dir ja an!« Und schenkt die Steintafel mit den fünf Sprotten dem Rainer. Der Junge, der sich so glühend für alles interessiert, hat ihm Freude gemacht. Vielleicht wird einmal ein großer Forscher aus ihm? Die Erde ist ein Buch, das niemals auszulesen ist.

Wintergewitter

Sieben schlummernde Siebenschläfer
schliefen friedlich unter dem Dach.
Da – ein Donnerschlag! Krach!!!
Jetzt waren die sieben friedlich schlummernden
Siebenschläfer plötzlich alle hellwach.

Sie schauten verdutzt und sagten: Nanu!
Bald war wieder Ruh.
Da sagten die sieben Siebenschläfer
einander gut Nacht
und machten die Augen wieder zu.

Annett

Ich kannte eine Annett,
die sprang vom Dreimeterbrett.
Die hat sich alles getraut.
Der hat es vor gar nichts gegraut,
außer vor Pudding mit Haut.

Heut und nie wieder

Es regnet, was es regnen mag.
Es regnet schon den ganzen Tag.
Zwischen Erlenblättern am Bach
sitzen zwei Eintagsfliegen.
Die eine seufzt nur: »Ach!«

Die andre klagt: »O Schwester!
Wir leben heut und nie wieder.
Was schickt uns der Himmel hernieder?
Regen, Regen, Traurigkeit.
Wozu sind uns Flügel gegeben?
Wir dürfen nicht tanzen, nicht schweben.
Welch ein verregnetes Leben!«

Aber dann am Nachmittag
wird's hell, wird's hell mit einem Schlag.
Da kommt es zu den beiden doch,
das Glück, das Glück, das große Glück.
Sie dürfen tanzen, schweben
ein ganzes Viertelleben noch.

2 + 2 = 12

Ich sage dir das eine:
2 + 2 = 12
Zwei Pferde und zwei Reiter
ergibt ein Dutzend Beine.
Jetzt weißt du, wie ich's meine.

Das sag ich dir
und noch etwas:
Wenn wir die beiden Reiter wären,
das wär ein Spaß!

Geh nicht gleich in die Luft!

Verschlucke keinen Luftballon,
sonst gehst du in die Luft,
dann wird man deine Sohlen sehn,
dann wirst du in die Ferne wehn
und landest irgendwo.

Ob so, ob so, ob so,
ich sag dir: Sei kein Schuft,
geh nicht gleich in die Luft!

Gute Nacht!

Am Abend, als ich jagen ging
und hinterm Busch einen Hasen fing,
da sprach ich zu ihm: Hör mal zu,
was ich dich fragen wollte, du,
willst du gebraten sein?
Der Hase sagte: Nein!

Da sagte ich: Ich hab's gedacht.
Lauf, Hase, lauf! Da hat er gelacht.
Drauf winkten wir noch einen Gruß
mit rechter Hand und Vorderfuß
und riefen: Gute Nacht!
Gute Nacht! Gute Nacht! Gute Nacht!

Herr Mack

Der stolze
Herr Mack
hackt Holz
nur im Frack.
Nur mit Frack
und Zylinder.
Da staunen
die Kinder.

»Lieber Herr Mack,
mack mir
aus diesem Stecken
vier!«

Tack! Tack! Tack!
mackt Herr Mack.
»Schon geschehn!«,
sagt Herr Mack im Frack.

206

Max Brause

Es gibt Leute, die fressen ihren Ärger in sich hinein. Max Brause ge-
hörte nicht zu diesen. Wenn er sich ärgerte, wurde er knallrot wie ein
Verbotsschild. Und brauste auf, kurz, aber gewaltig. Hatte er seinem
Zorn Luft gemacht, war er wieder der friedlichste Mensch von der Welt.

Da war zum Beispiel dieser Samstag.

Samstag ... Der eine wäscht sein geliebtes Auto, der andere tut, ich
weiß nicht was. Max Brause sitzt zu Hause und spielt mit sich selber
Schach. Viele Menschen wissen überhaupt nicht, dass man das kann.
Aber friedliche Menschen tun das. Max Brause war so einer.

Max Brause ließ eben einen weißen Springer aus dem Stall, da hörte
er, dass etwas durch den Briefschlitz in den Hausflur geworfen wurde.
Als er nachsah, war es eine Rechnung. Vor acht Wochen hatte er einen
Mechaniker bestellt, der seine Türklingel reparieren sollte. Gestern war
ein junger Mann erschienen und hatte den Schaden in zwei Minuten
behoben. Heute kam die Rechnung: Materialkosten: DM 0,75, Arbeits-
lohn: DM 18,50, Anfahrt: DM 42,45. Plus Mehrwertsteuer. Zu zahlen:
DM ... Die Zahl, die da stand, zeigte, dass die Leute zusammenzählen
konnten. In dieser Hinsicht war nichts auszusetzen. Aber Max Brause
gefiel die Rechnung trotzdem nicht. Er lief rot an.

Max Brause machte sieben Kniebeugen, schlug drei Purzelbäume
rückwärts, zog sich vor dem Spiegel an der Nase, wobei er gleichzeitig
die Zunge herausstreckte, ging in die Hocke, sprang mit Wucht hoch
und knallte mit dem Kopf gegen die Zimmerdecke. Darauf öffnete er
den Atlas und streute Pfeffer auf die Kanarischen Inseln. Anschließend
holte er drei Eier, setzte sich darauf und schrie kikeriki. Und als er
dann noch zu den acht Guppys und den beiden Segelflossern in seinem
Aquarium gesagt hatte, sie seien dümmer als die Regierung, war er so
weit, dass er sich wieder in aller Ruhe ans Schachbrett setzen konnte.
Er schickte einen schwarzen Läufer vor das feindliche Lager und ließ
einen weißen Bauern marschieren. Da klingelte es Sturm.

Es waren Birnenstiels von oben, alle Mann. Herr Birnenstiel, der große Scherben in Händen hielt. Frau Birnenstiel, die ihren Mann voran-

schob. Die drei Kinder, die guckten, als gäbe es gleich einen Krimi aus einer aufregenden Kinderserie. Der Dackel, der höchst gespannt seinen Schwanz hin und her bewegte. Und die Oma, die zu Besuch da war und die im Hintergrund ihre Arme kampfbereit in die Seiten stemmte.

»Hopp, fang an!«, befahl Frau Birnenstiel ihrem Mann, aber dieser hatte noch keine drei Wörter herausgebracht, da legte sie schon selber los. Die Vase, dieses Prachtstück von einer Henkelvase, sei von der Kommode gefallen, weil er, Herr Brause, von unten gegen den Fußboden gestoßen habe, dass oben die ganze Wohnung wackelte, und sie hätten Billermaiers in der Veilchenstraße und Bollermüllers in der Vergissmeinnichtstraße und Dottermanns in der Himalayagasse angerufen, und Billermaiers und Bollermüllers und Dottermanns hätten keine Spur von einem Erdbeben gemerkt, und wenn ein Erdbeben gewesen wäre, dann hätten Billermaiers und Bollermüllers und Dottermanns auch etwas gemerkt haben müssen, und Erdbeben sei keines gewesen, und er, Herr Brause, sei schuld, und die Vase koste 85 Mark. Jawohl!

Herr Birnenstiel überreichte Herrn Brause die Scherben. Unter dem Fußstück klebte noch ein Etikett: Kaufhof, DM 6,95. Aber nichts da, die Vase war ein Erinnerungsstück an Tante Poldi, und wenn auch Binenstiels an Tante Poldi zu Lebzeiten kein gutes Haar gelassen hatten, im Tode war sie ihnen 78 Mark und fünf Pfennig wert.

Herr Birnenstiel empfing von Herrn Brause 85 Mark, die ihm sofort von seiner Frau abgenommen wurden. Dann rauschte diese mit ihrer ganzen Mannschaft davon, die Stiege hinauf.

Max Brause stand in seiner Wohnung und lief rot an. Zunächst nahm er die Scherben, umwickelte sie mit Wolldecken, wobei er nicht vergaß, dem Henkel ein Fieberthermometer unter die Achsel zu stecken, und legte sie mit einer Wärmflasche zu Bett. Als dies geschehen war, begoss er die fünf Bände des zwölfbändigen Lexikons (die anderen waren noch immer nicht erschienen) ausgiebig mit der Kanne. Darauf holte er Messer und Gabel. Das Messer gab er dem Wellensittich Ottokar mit dem Bemerken, er solle sich endlich mal die Zehennägel schneiden, die Gabel warf er zum Fenster hinaus. Anschließend übermalte er auf dem

Kalender die beiden s des Wortes Samstag, strich das, was übrig blieb, mit einem roten Stift durch und schrieb stattdessen groß darüber: In der Nacht. Zuletzt nahm er sich noch ein Kreuzworträtsel vor. Als »Hauptstadt von Spanien« (6 Buchstaben) trug er London ein, als »Naher Verwandter des Menschen« (4 Buchstaben): Esel, als »Säugetier« (5 Buchstaben): Mücke und als »Singvogel« (7 Buchstaben): Gorilla. Nachdem er all dies vollbracht hatte, war er wieder ganz der Alte.

Er saß noch nicht lange am Schachbrett, da war wieder einer an der Tür. Diesmal ein Mann mit Vollbart und grünem Hut. Auf dem Hut steckte eine Gabel. Max Brause sah, dass es seine war. Der Mann sagte, durch die Gabel sei sein Hut auf den Schädel geheftet und jetzt müsse er sein ganzes Leben mit dem Hut auf dem Kopf schlafen gehen. Das stelle sozusagen eine Arbeitsleistung dar und müsse honoriert werden. Außerdem könne er jetzt nur noch mit dem Hut auf dem Kopf baden, was er zwar nie tue, aber wenn, dann. Max Brause erkundigte sich bei dem Bärtigen, ob er die Gabel nicht herausziehen wolle, doch dieser sagte, das würde ihm, Herrn Brause, wohl so passen, die Gabel bliebe stecken, und der Spaß koste 975 Mark bei Barzahlung, es könne jedoch auch über Ratenzahlung gesprochen werden, in diesem Falle wäre an 24 Monatsraten zu 50 Mark zu denken. Max Brause, der sich unangenehme Dinge gern schnell vom Halse schaffte, stellte einen Scheck über DM 975,- aus.

Sobald sich Vollbart, Hut, Gabel und Scheck entfernt hatten, sprach Max Brause mit seinem Wecker ein ernstes Wort. Er fragte ihn, ob er sich nicht schäme, so ungewaschen herumzulaufen, steckte ihn in die Badewanne und bereitete ihm ein Vollbad mit viel Schaum. Darauf schaltete er das Fernsehgerät ein und legte sich mit einer Mayonnaisetube auf die Lauer, und als ein Herr auf dem Bildschirm seinen Mund weit aufriss, verabreichte er ihm flink einen Klacks zwischen die Zähne. Darauf schritt er zum Telefon und wählte die Nummer des Oberbürgermeisters. Als dieser sich meldete, stellte er sich mit Namen, Straße und Hausnummer vor und sagte dem überraschten Herrn, er (der Oberbürgermeister) sei eine Kreuzung zwischen einer Ameise mit Dachschaden und einem Walross mit Mumps, und wenn er kein Brett vor dem Schädel hätte, könnte man ihn für einen besoffenen Maikäfer halten. Er legte auf, aber da fiel ihm ein, dass er vergessen hatte, den andern auch noch einen Kanarienvogel zu heißen. Er wählte daher noch einmal, erwischte aber diesmal General Eisenbeiß und sagte diesem, er sei ein hergelaufener Kanarienvogel, der die Hose voll habe und so belämmert sei, dass er eine Kiste Bier nicht von einem Radrennfahrer unterscheiden könne.

So, das war allerlei Arbeit gewesen. Aber nun konnte sich Max Brause in Ruhe wieder seinem Schachspiel widmen. Er machte fünf wohlüberlegte Züge, da standen zwei Herren vor der Tür, ein wohlbeleibter in Zivil und ein strammer in Uniform, und sagten, sie hätten mit ihm zu reden, er könne sich auf was gefasst machen. Max Brause führte die beiden ins Zimmer. Dort warfen sich die beiden, der Oberbürgermeister und der General, in die Brust, räusperten sich laut und begannen gleichzeitig: »Mein Herr ...« Aber da fiel ihr Blick auf das Schachbrett, und der eine sagte: »Oh! Eine interessante Partie!«

Und der andere rief: »Eine hochinteressante Partie!«

Und dann sagten sie zu Max Brause: »Sie gestatten!« Und dann losten sie, und der OB bekam Weiß und der General bekam Schwarz, und als sie die Partie zu Ende gespielt hatten, spielten sie eine Revanche, und dann bedankten sie sich bei Herrn Brause für die angenehmen Stunden, und er musste ihnen versprechen, sie unbedingt anzurufen, wenn er wieder eine so fesselnde Partie hätte.

Und dann tat Max Brause noch dies und jenes. Was nette, friedfertige Menschen am Samstag so tun, wenn sie nicht gerade Schach mit sich selber spielen.

Es flog vorbei

Es flog vorbei im Sonnenschein,
flog schnell vorüber und war klein.
Ein Käfer könnt's gewesen sein.
Doch sicher ist das nicht, o nein.
Leb wohl, du mein Vorüberlein.

Durcheinander

BFAAGWERIE,
BFAAGWERIE . . .
Jeder spürt,
irgendwie
ist da was passiert.

BFAAGWERIE,
BFAAGWERIE ...
Eins ist klar,
dieses Ding ist unbrauchbar.
Doch ein kluger Kopf erkennt,
dass das mal
eine BRIEFWAAGE war,
bis ein Nilpferd kam
und sich draufsetzte.

Hoffte es zu sehr, es wär
vielleicht doch
nicht zu schwer?
Wer sieht einem Nilpferd in die Seele,
wer?

Ein Bonner Bonbon

Ein Bonner Bonbon
wollte nach London.
Ich sagte: »Bonner Bonbon,
was willst du dort?
In London regnet's in einem fort.
Londoner Bonbons leben nicht lang.«
Da wurde dem Bonner Bonbon bang.
Es wählte sich als Reiseziel
die Wüste Sahara, da regnet's nicht viel.

Die andern

Durch die weite Landschaft traben
zwei Pferde, die Reiter tragen.

Zwei von diesen vier
sind Christen, denke ich mir.

Ungetaufte Heiden
sind die andern beiden.

Genauso wie die Lerchen: Sie
singen am Himmel tirilili.

Aschermittwoch

Im Schneematsch an der Straße
liegt eine rote Nase.
O Nase, gestern trug dich wer,
da kam er als ein Clown daher,
doch heut geht er
als irgendwer
in sein Büro.

Da lieg ich im Bett

Da lieg ich im Bett, die Augen zu.
Was Schönes will ich mir denken.
Ich stelle mir vor, mein Bett ist ein Boot,
das die Wellen heben und senken.

Ich lasse mich schaukeln, hinauf und hinab,
und rings um meinen Kahn
glitzert, so weit das Auge reicht,
friedlich der Ozean.

Herrlich ist das! – Allmählich aber
werde ich höher gehoben
und sinke tiefer hinab ins Tal.
Die Wellen werden zu Wogen.

Die eiligen, schwarzen, von Gischt gekrönt,
immer wilder donnern sie her.
Und ich im Boot, verlassen, verloren
weit draußen im tobenden Meer!

Jetzt aber – o Schreck! – eine Wasserwand,
eine haushohe, wandert heran.
Sie ragt vor mir hoch. Sekunden noch,
dann ist es um mich getan.

Mit mir ist es aus! Da fällt mir ein
im letzten Augenblick:
Es gibt noch ein Mittel, ein einziges noch,
ich habe noch einen Trick.

Ich mache meine Augen auf.
Und liege wieder in meinem Bett,
im Zimmer.
Welch ein Glück!

Oh, Verzeihung, sagte die Ameise

Es war an einem sonnigen Sommertag. Auf einem großen Ameisenhaufen am Waldrand wimmelten und wuselten zehntausend Ameisen
durcheinander. Unter diesen zehntausend Ameisen gab's eine, die war
besonders höflich. Sooft sie in dem Gewimmel einer andern auf die
Zehen trat, sagte sie: »Oh, Verzeihung!«

Die höfliche Ameise war eben dabei, von hoch oben den Berg hinab-
zulaufen, um eine neue Tannennadel zu holen. Dabei konnte sie keinen Schritt tun, ohne einer oder zwei andern auf die Zehen zu treten,
und so musste sie es tausendmal hintereinander sagen, ganz schnell
(probier's und sag's nach!): »Oh, Verzeihung! Oh, Verzeihung! Oh,
Verzeihung! Oh, Verzeihung! Oh, Verzeihung! Oh, Verzeihung! Oh,
Verzeihung! Oh, Verzeihung! Oh, Verzeihung! Oh, Verzeihung!«

Als die höfliche Ameise den Berg hinunter war, war sie von dem vielen Oh-Verzeihung-Sagen so erschöpft, dass sie sich erst einmal hin-
setzen und verschnaufen musste. Dann ging sie, eine Tannennadel zu
suchen. Aber wie wird das erst geworden sein, als sie die Tannennadel
den Berg hinaufschaffen musste und dabei nicht nur mit den Zehen,
sondern auch mit dem langen Trumm links und rechts und rechts und
links an andern anstieß: »Oh, Verzeihung! Oh, Verzeihung! Oh,Verzei-
hung! ... «

216

Unterm Rasen

Es laufen die Kinder
und raufen und spielen,
und unter ihnen
im Erdreich wühlen
die Würmer, die vielen.

Doch was sie da unten
im Dunkeln, im Kühlen,
die Würmer, die vielen,
beim Wühlen fühlen –
keine Sprache beschreibt es.
Es ist ein Geheimnis und bleibt es.

Mini-Krimi

Er ging auf die Bank, Revolver raus,
und sagte fünf Wörter,
diese:
»Geld her, oder ich schieße!«

Sie packten ihm die Taschen voll,
sonst hätte es geknallt.
Dann haute er ab, es war im August,
geschmolzen war der Asphalt.

Da sank er ein. Da zog es ihm aus
die Schuhe und die Socken.
Die stecken heute noch im Asphalt.
Er selbst muss barfuß hocken.

Schädelboxen

Sechsundsechzig gutgewachsene Ochsen
aus Sachsen boxten aus Jux.
Ein Fuchs, ein Luchs,
ein Dachs und ein Max schauten zu.

Max sprach zum Dachs:
»Du, die sind nicht aus Wachs.
Willst du mit diesen Hornochsen boxen?«
»Ich nicht. – Max, magst du?«

Falschmeldung

Ein Mann
geht ins Haus,
tut auf
den Mund
und
sagt: »Guten Tag!
Vor der Tür
liegt ein Hund!«

Der Mann lügt.
Der Hund lag.
Der Hund, der vor der Türe lag,
stand auf –
steht.
Und geht,
wohin er mag.

Wer hat gesiegt?

Der Hase
und der Hahn
fuhren in einem Kahn.
Da rief jemand:
»Muh!«
Das war die Kuh.
Die Kuh
kam an den Strand
gerannt
und wollte auch noch mit.
Der Hase
und der Hahn
ließen die Kuh
mit in den Kahn.
Jetzt waren sie zu dritt.
Einer war zu schwer.
Was glaubst du wohl,
wer?
Die drei
sind nicht weit gekommen.
Der Kahn ist gesunken.
Zwei sind geschwommen.
Der dritte
ist ans Ufer geflogen
und hat gerufen:
»Kikeriki!
Ich bin als Erster hier!
Sieger bin Iiiii!«

Bescheiden

Ohne Zeitung,
ohne Klavier,
ohne alles Gequassel
lebt sie,
ein kleines, bescheidenes Tier.
Hinter Konservendosen und so
lebt sie
und ist auf ihre Art froh:
die Kellerassel in Kassel.

Der Rhein

An Köln, der alten, schönen Stadt,
da fließt vorbei der Rhein.
Man könnte in ihm baden,
doch traut sich keiner hinein.
Warum denn? Schnappen Haie
im Strom nach Menschenwaden?
Ach nein – die Brühe ist gar trüb,
drum mag kein Mensch drin baden.

Auch er, der Rhein, war einmal rein.
Als Quelle frisch und klar
trat er die große Reise an.
Damals; es war einmal.

Abfallverwertung

Glasscherbe
Orangenschale
Löffelstiel
Dachrinne
Bierflasche
Apfelbutzen
Radieschenschwanz
Rechenheft
Eimer
Nagel

Lauter weggeworfenes Zeug! Was tun damit? Nimm
von jedem etwas! Es lohnt sich.

(Nimm von jedem Wort den Anfangsbuchstaben!)

Conny, das Pony

Sei nett zu Eltern, Brüdern, Schwestern, Ponys!
Und nistet sich das Pony Conny bei dir ein,
lass es auf deinem schönsten Kissen sitzen,
auf deiner Couch, das Conny-Ponylein.

Und hängen ihm auch ins Gesicht die Locken
(nach neuer Pony-Mode): Dann und wann
bläst es durch seinen Haarwald eine Schneise,
durch die es durchschauen kann,

dir bis ins Herz hinein.

Auf einer Bank

Auf einer Bank
bin ich gesessen
im Traum,
dort
am Rande der Welt.

Mir auf die Schulter
legte sich sanft
eine Hand.
Ein Orang-Utan
war es,
der braun, ganz
brauner Friede,
groß hinter mir stand.

Wir sahen uns an.

Ich musste lächeln:
Sein Lächeln,
alt, weise, verschwiegen,
ging auf mich über.

– – –

Lieber,
siehst du mich lächeln,
still für mich, weißt du,
ich denke
mal wieder
daran.

Die Hamster

Bald wird es Winter – der Winter,
der schlimme, blieb aus noch nie.
Die Hamster auf dem Stoppelfeld,
nach Körnern suchen sie.

Wohin mit den Körnern? Das Hamsterkleid
hat Taschen nirgendwo.
Sie stopfen sie sich in die Backen.
Bald haben sie Backen – so!

Und wenn sich zwei begegnen,
rufen sie nicht: Hallo, du!
Sie haben ja die Backen voll.
Sie nicken sich nur zu.

Die schönste Geschichte der Welt

Was machen wir nun? Ich weiß etwas: Wir erfinden Geschichten! Erst du eine, dann ich! Was, du weißt keine? Jeder weiß tausend, man muss nur anfangen, dann läuft's von alleine. Dir fällt nie ein Anfang ein? Dann machen wir es doch einfach so: Wir erfinden zu zweit eine Geschichte. Ich erzähle die erste Hälfte und du den Rest! Einverstanden? – Gut. Ich fange an.

Es war einmal ein – eine – ein – hm.

Es war einmal ein Mann mit gestreifter Krawatte. Männer mit gestreifter Krawatte gibt's doch, oder? – Schön.

Der Mann mit der gestreiften Krawatte stieg frühmorgens in den Zug. Das machen viele Leute so. Der Zug sollte um 7.32 Uhr abfahren. Der Mann saß am Fenster und schaute auf den Kiosk auf dem Bahnsteig. Plötzlich fing der Kiosk an, nach hinten wegzulaufen. Der Mann sah auf die Uhr. Es war 7.32 Uhr.

Der Zug fuhr an Lagerhallen vorbei, an Hochhäusern, an Schrebergärten. Dann kam ein Föhrenwald. Wo die Morgensonne den Waldboden erreichte, leuchtete es ockergelb. Der Mann, der oft diese Strecke fuhr, schaute, ob er nicht einen Fuchs sah. Es musste doch Füchse in diesem Wald geben. Doch es hatte sich noch nie einer gezeigt.

Der Zug näherte sich einer Brücke. Der Fluss darunter, der aus den Bergen kam, hatte eine schöne grüne Farbe. Immer, wenn der Mann über die Brücke fuhr, dachte er: Grün wie was? Wie Schnittlauch? Wie ein Smaragd? Nein. Vielleicht wie Gletschereis? Aber auch das Eis hatte eine andere Farbe. Es war ein ganz besonderes Grün.

Jetzt kam ein Tunnel. Der Mann schaute auf die Mitreisenden. Einige lasen Zeitung. Alle hatten die gleiche Zeitung, eine mit vielen Bildern und dicken Schlagzeilen, vor sich. Es wurde plötzlich dunkel und später langsam wieder hell. Die Leute schauten noch genauso auf die Zeitung wie vorher. Keiner hatte den Kopf bewegt, als es nichts mehr zu sehen gab.

Und nun musste rechts aus halber Höhe ein Bauernhof mit einem dicken, runden Silo erscheinen; dahinter auf dem Hügel lag dann ein Dorf mit einem hübschen Zwiebelturm.

Doch ehe Silo und Zwiebelturm sich zeigen konnten, bremste der Zug plötzlich und hielt mit einem scharfen Ruck. Alles sprang ans Fenster.

Vor der Lokomotive lag eine Kuh auf den Gleisen. Man konnte sie sehen, weil der Bahndamm einen Bogen beschrieb. Der Fahrer sprang von der Lokomotive und ging zur Kuh. Von den hinteren Waggons kam der Zugschaffner gelaufen. Beide sprachen auf die Kuh ein, wobei sie mit ausgestrecktem Arm bald nach links, bald nach rechts auf die Wiesen deuteten. Die Kuh schüttelte zu allem nur den Kopf. Da zuckten die Männer schließlich mit den Achseln und kamen zurück.

Der Schaffner ging die Waggons entlang und rief: »Der Zug endet hier. Alles aussteigen! – Der Zug tritt in wenigen Minuten die Rückfahrt an. Karten für die Rückfahrt sind bei mir im Zug zu lösen.«

Der Mann mit der gestreiften Krawatte öffnete die Tür und sprang vom Trittbrett. Er sah nach links und rechts. Außer ihm stieg keiner aus.

Nun musste er den steilen Bahndamm hinunter. Auf dem Schotter kam er ins Rutschen, doch er ging in die Knie und balancierte mit den Armen, so dass er sicher unten ankam.

Er sprang über einen Graben und überquerte einige Wiesen, wobei es vier Zäune zu übersteigen galt. Dann stand er an einer Straße.

Als ein Laster nahte, winkte er mit dem Daumen. Das hatte er noch nie gemacht, und er war gespannt, ob er Erfolg haben würde.

Der Laster hielt und der Mann durfte zum Beifahrersitz emporklettern. Doch der Laster fuhr nur bis zur nächsten Kiesgrube.

Jetzt stand der Mann wieder am Straßenrand. Diesmal hatte er lange kein Glück. Zwölf Autos fuhren vorbei. Dann hielt ein roter PKW. »Schnell«, sagte die Fahrerin. »Steigen Sie ein!«

Der Wagen schoss um die Kurven. Die Fahrerin sagte: »Ich habe in Bitzelbach vier Stunden zu geben. Ich bin nämlich Turnlehrerin. Wenn Sie wollen, können Sie mitturnen.«

»Vielen Dank«, sagte der Mann, »aber ich muss weiter.«

Kurz danach hielt der Wagen vor der neuen Schule von Bitzelbach. Der Mann bedankte sich bei der Dame und ging auf dem nächsten Weg zum Ort hinaus.

An Weizen, Mais, Raps und Klee vorbei schritt er auf den Wald zu.

Am Waldrand stand unter einer Eiche ein alter Grenzstein. Auf diesen bemoosten Stein stellte der Mann seinen linken Fuß, weil das Schuhband aufgegangen war.

Nachdem er eine ordentliche Schleife gezogen hatte, ging er in den Wald hinein. Der Weg war jetzt nicht mehr geteert, sondern grob gekiest. Während er so dahinschritt, merkte er, dass er pfiff. Was war das eigentlich für ein Lied? Er pfiff das Gleiche noch vier-, fünfmal, doch er kam nicht darauf.

Dann geschah es. Als der Mann um eine Ecke bog, stand dicht vor ihm ein Fuchs. Ein prachtvolles Tier mit rötlichem Pelz und langer, buschiger Lunte. Was für ein kluges Gesicht, dachte der Mann. Er hatte erst einmal in seinem Leben einen Fuchs aus der Nähe gesehen; damals war er noch ein Kind gewesen. Der Fuchs sah den Mann ruhig an. Dann öffnete er die spitze Schnauze, ließ etwas auf die Steine klirren, wandte sich um und verschwand im Wald.

Der Mann ging hin, bückte sich und hob auf, was der Fuchs fallen gelassen hatte. Es war ein abgegriffener, eiserner Schlüssel, nicht länger als ein kleiner Finger. Der Mann sammelte gern besondere Sachen. Ein Schlüssel, den dir ein Fuchs schenkt, wenn das nichts Besonderes ist!

Im Weiterwandern begann der Mann zu singen. Aber das ist es ja, fiel ihm ein, das Lied, das ich vorhin pfiff. »Zwischen Berg und tiefem, tiefem Tal saßen einst zwei Hasen ...« Diese zwei Hasen hatten ihm schon immer gefallen, schon als er noch ein kleiner Junge war. Wie sich die beiden, nachdem sie niedergeschossen waren, ganz einfach wieder aufrappelten und weiterliefen!

Es ging hügelauf, hügelab.

Einmal teilte sich der Weg. Der linke Weg war frisch gekiest, der rechte ganz und gar verwachsen. Der Mann wählte den rechten.

Zwischen den hohen Gräsern, die auf dem Weg wuchsen, schimmerten die rosa Blütensterne des Tausendguldenkrauts. Nirgends waren Gras und Blumen niedergetreten. Wann mochte zum letzten Mal ein Mensch hier gegangen sein?

An den Wegrändern wucherte Kunigundenkraut. Während der Mann den stattlichen Kaisermänteln und den kleinen Mohrenfaltern zusah, die auf den Blüten saßen und über ihnen in der Luft gaukelten, wäre er fast über einen großen, eckigen Gegenstand gestolpert.

Mitten auf dem Weg stand eine Kiste aus festen, silbergrau verwitterten Brettern. Der Deckel, der durch ein großes Vorhängeschloss versperrt war, ließ sich nicht öffnen.

Was diese Kiste auf dem einsamen Waldweg bedeuten mag?, überlegte der Mann, als er weiterging. Dabei spielte er in Gedanken mit dem Schlüssel in seiner Rocktasche. Ob dieser Schlüssel zum Schloss passte? Der Mann kehrte um, obwohl er schon ein gutes Stück weitergewandert war.

Wahrhaftig, mit dem Fuchsschlüssel ließ sich das Vorhängeschloss mühelos öffnen. Zunächst war der Mann enttäuscht. Die Kiste war angefüllt mit Steinen. Doch es waren lauter hübsche, runde Steine; es sah ganz so aus, als habe jemand, so zum Spiel, von weit her die schönsten Kiesel zusammengetragen. Und noch etwas entdeckte der Mann, als er nachgrub. Mitten in den Steinen lag, eingebettet in ein Nest aus Moos, ein großer, schöner Schlüssel. Es war ein alter, kostbarer Schlüssel aus silbrigem Metall, der, wie gelbe Spuren zeigten, einmal vergoldet gewesen war.

Den neuen Schlüssel trug der Mann von nun an in der Hand. Es war schön, ihn zu halten; die Hand passte genau zwischen den Schlüsselbart und den verschnörkelten Ring am Ende.

Der Mann ging, bis es Abend wurde. Da sah er einen hochgewölbten Hügel vor sich, auf dem drei Bäume standen. Als er die Kuppe erreichte, entdeckte er zwischen den Bäumen, uralten Linden, eine große Truhe. Auf diese Truhe stellte er sich, um bis zuletzt der Sonne nachzusehen, die hinter fernen Hügeln versank.

Wohin sollte er in der Nacht? Er konnte sich an einen der dicken Bäume setzen und dort, im Windschatten, ein wenig zu schlafen versuchen. Doch zunächst wollte er die Truhe näher betrachten. Sie war rot und über und über mit Sonnen bemalt.

Er versuchte seinen Schlüssel. Er passte. Der Deckel hob sich. In der

Truhe lag, auf blauen Samt gebettet, ein derber Eisenschlüssel, groß wie ein Unterarm. Was dieser Schlüssel aufsperren wird?, dachte der Mann. Vielleicht die ganze Welt.

Der Tag ging zu Ende. Der Mann lehnte den Schlüssel an einen Baum. Dann legte er sich selbst in die Truhe, auf den blauen Samt. Das war für heut sein Bett.

Da lag er nun und schaute lange zum Nachthimmel hinauf. Der Mann kannte die Sternbilder. Schwan und Adler, Krone und Cassiopeia, Pegasus und Andromeda, der Große und der Kleine Bär waren für ihn alte, treue Freunde.

Dann schlief er ein. Im Traum fuhr er, in der Truhe sitzend, zu fernen Planeten. Dort traf er Menschen. Es waren nicht die übertechnisierten Unwesen, von denen in törichten Filmen phantasiert wird. Es waren Menschen, sanft und gastfreundlich, wie die »Wilden«, auf die Kolumbus in Amerika stieß. Er sang und tanzte mit ihnen, er ging staunend durch ihre Städte, in denen alle Türen offen standen. Die Träume dieser Nacht waren für ihn wie ein ganzes Leben.

Als er erwachte, sangen die ersten Vögel. Er erhob sich, nass von Tau. Gern hätte er die Truhe mitgenommen, in der es sich so herrlich träumen ließ. Das war nicht möglich. So schulterte er den neuen Schlüssel und schritt ins Tal.

Er wanderte durch eine weite Ebene, watete durch einen Fluss, und als es Mittag wurde, erreichte er einen hohen Felsen, der eine Burg trug. Auf einem schmalen Pfad stieg er zu ihr hinauf. Der Schlüssel öffnete ihm das Burgtor.

Inmitten verfallender Gebäude stand unversehrt der gewaltige Turm. In ihm fand der Mann sieben Räume übereinander, angefüllt mit alten Dingen. Über ausgetretene Holztreppen gelangte der Mann höher und höher. Vom obersten dieser Räume führte eine Leiter hinauf zur Turmstube. In ihr befand sich nichts als ein Tisch, auf dem ein Buch und Schreibzeug lagen, und ein Stuhl. Durch die Fenster ringsum schweifte der Blick in unendliche Weiten.

»Hier ist es gut!«, rief der Mann.

Er setzte sich an den Tisch und öffnete das Buch. Es enthielt lauter weiße Seiten. Kein vollgedrucktes Buch hätte den Mann so gefreut wie dieses leere.

Er schlug die erste Seite auf, überlegte, tauchte die Feder in die Tinte und schrieb:

Die schönste Geschichte der Welt

Und dann schrieb er die schönste Geschichte der Welt. Sie lautete so ... Aber nun habe ich lange genug erzählt. Jetzt bist du dran!

Eine Truhe hätt ich gern

Eine Truhe hätt ich gern,
keine neue, feine.
Eine alte wünsch ich mir,
mit Geheimfach eine!

Münzen, Ringe, Pergamente
werd ich drin entdecken.
Und bei diesen will ich auch
mein Tagebuch verstecken.

Die Flaschenpost

Schwimmt eine Flasche im blauen Meer.
Mancher Fisch schaut sie sich an.

Was steckt hinterm Glas?
Eine hübsche kleine Muschel,
ein hübscher kleiner Stein,
ein Stück Papier mit drei Zeilen.

Ich habe sie in die Flasche gesteckt:
die hübsche kleine Muschel,
den hübschen kleinen Stein,
das Stück Papier mit den drei Zeilen.

Ich habe die Flasche den Wellen übergeben.
Sie schaukelt im Meer
manchen Tag,
manche Woche.

Eines Morgens
liegt sie an einem fremden Strand.
Ein Kind sieht die Flasche,
öffnet sie
und nimmt die drei Dinge heraus:
die hübsche kleine Muschel,
den hübschen kleinen Stein,
das Stück Papier mit den drei Zeilen.

Vielleicht versteht das Kind meine Sprache nicht.
Doch es blickt lange auf die drei Zeilen.
Um die Worte sind Blumen gemalt:
Das tut man doch nur um liebe Grüße!

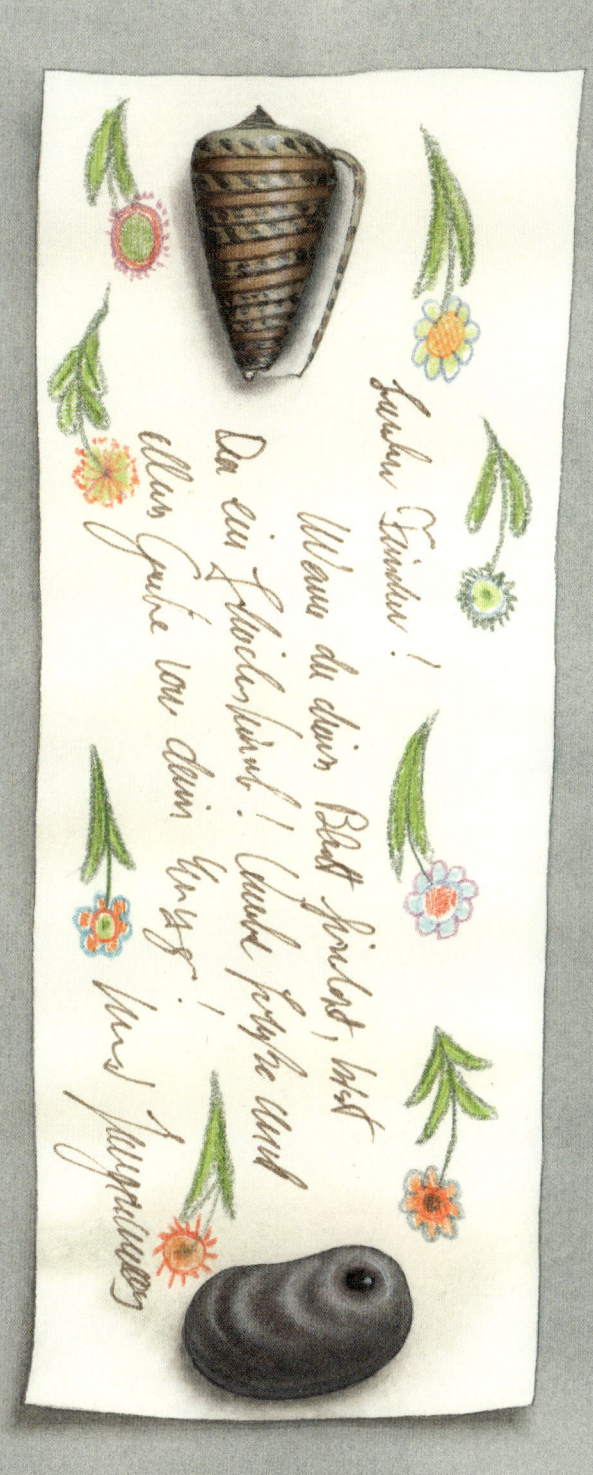

Der große Flug

Es waren einmal fünf Eier.
Die sprachen: »Jetzt ist es genug!
Wir bleiben nicht auf dem Teller,
wir tun einen großen Flug!«

Sie sagten es. Sie wagten es.
Sie sprangen, juchheißa, juchhei!
Und fielen auf den Boden
und brachen entzwei.

Doch sieh nur! Aus den Scherben
kamen fünf Küken gehüpft.
Die riefen: »Guten Morgen!
Hallo, jetzt sind wir geschlüpft!«

Da schrie die Flasche, die grüne,
und wurde vor Neid ganz blass:
»Ich will es euch beweisen:
In mir steckt auch etwas!«

Hopp, wie die Eier tat sie.
Klopperdiklirr, zerbrach sie.
Was war in ihr?
Nicht als – Bier.

Schafe-Zählen

Schäflein trippeln übers Feld,
rupfen ab, was ihnen gefällt.
Der Schäfer steht dabei und zählt.
Dreißig sind's, wenn keines fehlt.

*Bei jeder Silbe wird ein Strichlein aufs Papier gemacht.
Dreißig müssen herauskommen.*

Ein Hase, der gern Bücher las ...

(Um die Wette zu lesen)

Ein Hase, der gern Bücher las,
fand ein dickes Buch im Gras,
er setzte sich ins Gras und las
das dicke Buch, im Buch stand das:

Ein Hase, der gern Bücher las,
fand ein dickes Buch im Gras,
er setzte sich ins Gras und las
das dicke Buch, im Buch stand das:

Ein Hase, der gern Bücher las,
fand ...

Rätsel Buch

Ich nahm es, und ich trug es,
ich trug's zum Tisch und schlug es,
ich schlug es auf und las,
was ich herauslas, ließ
ich gerne noch für andre drin,
doch ist's in mir jetzt immerhin.

Am Waldweiher

Komm mit mir, komm,
im Waldtal liegt,
von Schilf umsäumt,
ein Weiher.

Enten schwimmen,
Libellen fliegen,
auf Bäumen
stehen Reiher.

Sie stehen im Wipfel
und denken sich was.
Was sie denken,
Gott weiß es.

Die Schilfblätter,
die der Wind bewegt,
erzählen sich etwas
Leises.

Biene am Fenster

Eine Biene
surrt am Glas.
Nichts ist da.
Und doch ist was!

Was ist im Weg
ganz unsichtbar?
Ihr Hirn ist klein,
sie kommt nicht klar.

Sie will durch, plagt sich
fürchterlich.
Und schafft es nie!
Doch jetzt komm ich.

Ich reiche ihr
ein Stück Papier.
Hinauf schleppt sich
das arme Tier.

Das Fenster auf!
Ich blas, und schon:
Gott weiß wohin,
schwirrt sie davon.

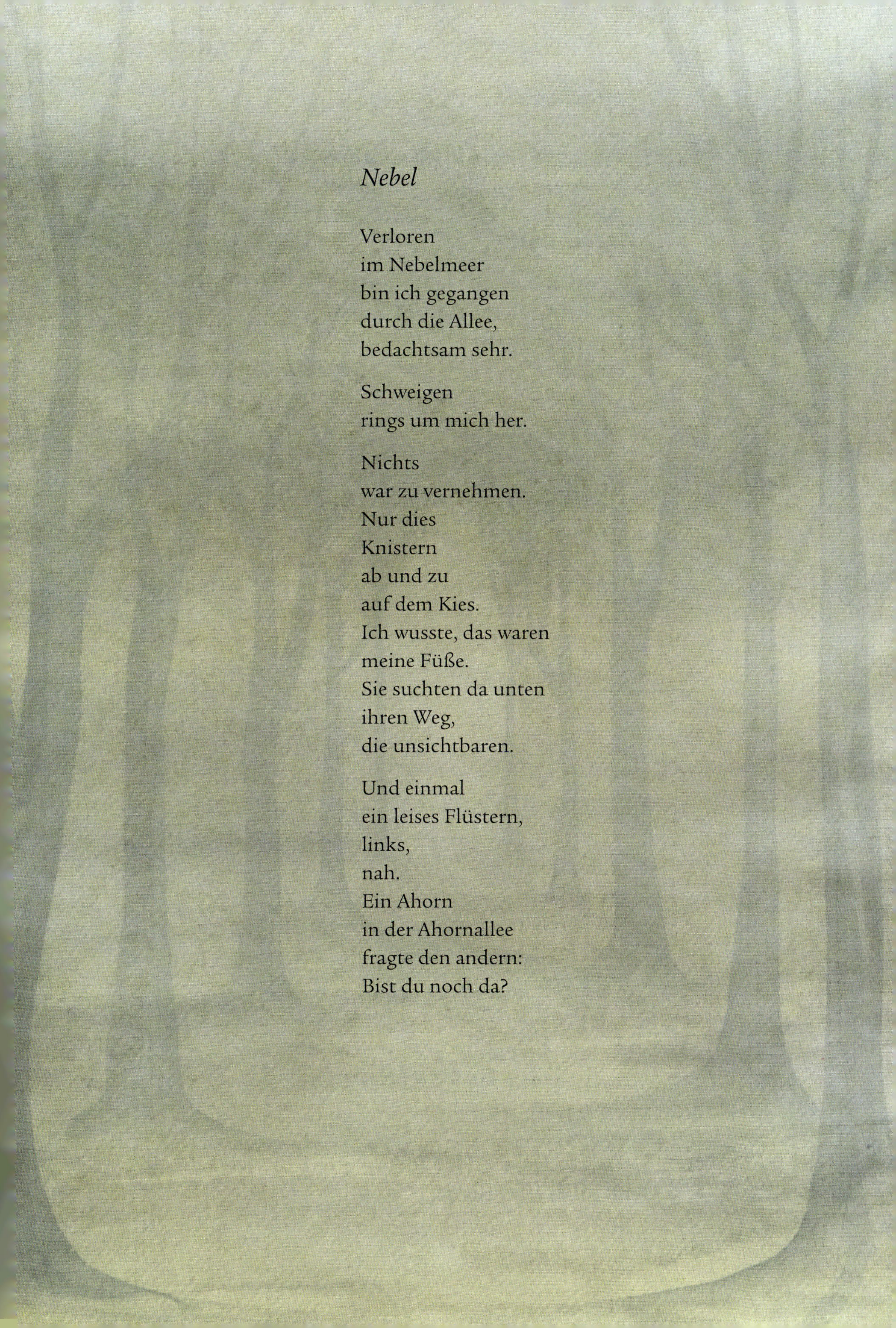

Nebel

Verloren
im Nebelmeer
bin ich gegangen
durch die Allee,
bedachtsam sehr.

Schweigen
rings um mich her.

Nichts
war zu vernehmen.
Nur dies
Knistern
ab und zu
auf dem Kies.
Ich wusste, das waren
meine Füße.
Sie suchten da unten
ihren Weg,
die unsichtbaren.

Und einmal
ein leises Flüstern,
links,
nah.
Ein Ahorn
in der Ahornallee
fragte den andern:
Bist du noch da?

Die Kiste

Auf einer Kiste an der Küste saßen zwei,
die sich küssten, da kam ein junger Junge vorbei
und fragte die zwei,
die sich auf der Kiste an der Küste küssten,
ob sie wüssten,
was in der Kiste sei.

»Keine Ahnung«,
sagten die beiden.

Da hoben sie den Deckel hoch. Der wollte nicht.
Der ächzte und krächzte noch und noch.
Aber zu dritt, da schafften sie's doch.

Sie schauten in die Kiste und riefen: »Oh!«
Was glaubst du, was in der Kiste war?
Du kommst in tausend Jahren nicht drauf!

Ein Gripsgrabel war drin,
ein Schnupfschnabelschnaufauf,
zehn Nickeldibies,
zwanzig Hoppladibos
und sogar ein hupfhimmlings Juhuchzelmiau.

Hättest DU das gewusst?
Jetzt weißt du's genau!

Der Schatten

Er geht mit mir und sagt kein Wort,
macht jeden Unfug willig mit,
stolziert wie ich in langem Schritt
und tollt dann mit mir fort.

Heut stand er bei mir hinterm Haus.
Ich goss ihm Wasser ins Gesicht.
Er lachte nicht, er weinte nicht.
Er machte sich nichts draus.

Was mir am meisten imponiert,
ist, dass er katzenklein sein kann
und abends auf dem Hausdach dann
als Riese spioniert.

Fadenspiele

Wir zogen ihn, wir schoben ihn,
wir bogen den Faden her und hin.
Als Mann, als Hand, als Baum und Fisch
lag der Faden auf dem Tisch.

Er machte einen Hasen und
ein Krokodil mit offnem Mund.
Er zeichnete ein Berggelände
und schrieb zuletzt noch das Wort Ende.

Mühle

Mühle ist ein Spiel.
Dazu braucht man nicht viel.
Doch braucht man ihn, den Dings da oben
– wie heißt er gleich? –,
den Kopf.

Der Kopf,
das wär das eine.
Auch braucht ein jeder neun Steine.
Neun schwarze Steine,
neun weiße –
ging ein Stein auf die Reise,
tut's dafür ein Knopf.

Zweierlei Musik

Drei trappelnde Rappen mit klappernden Hufen polterten über die
dröhnende bretterne Brücke mit donnerndem Krach.
Dann hörte man wieder den rieselnden, raunenden, glicksenden,
glucksenden, silberhell plaudernden Bach.

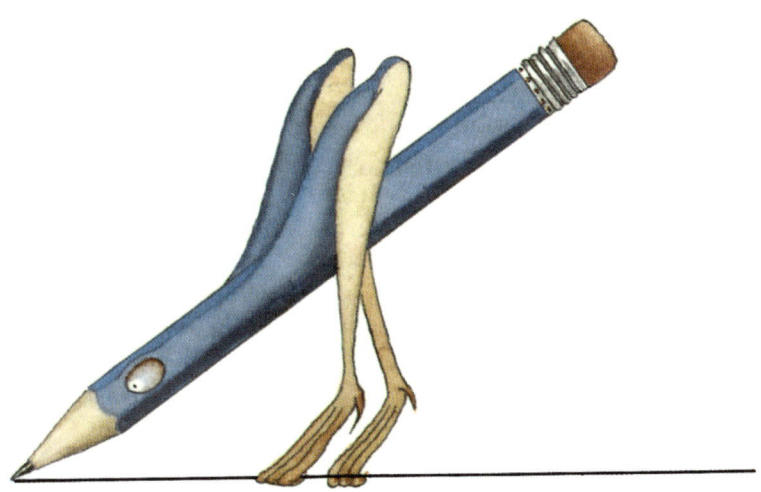

Dein Stift kann's auch

Es war einmal ein weißes Blatt,
da kam ein Stift, lief auf und ab,
lief manche Kurve elegant.
Dann ging er fort; als er verschwand,
stand auf dem Blatt ein Elefant.

Am Rüssel und am Zähnepaar
sah jeder, dass es einer war.
Man sah es an dem dicken Bauch
und an den großen Ohren auch.
Mit Beinen – jedes wie ein Fass –
steht er noch heut im Zickzackgras
und nascht an einem Kringelstrauch.

Botschaft

Der Himmel war grau, ein herrischer Wind fegte in die kleine Stadt. Es war an einem Sonntag, dem letzten im Oktober. Ein Mann ging die Allee entlang, die stadtauswärts führte. Er hatte nichts Besonderes vor. Am Ortsrand gab es ein Möbelgeschäft, da wollte er sich die Auslagen anschauen.

Die Bäume waren schon ziemlich kahl. Einige Blätter trieben noch im Wind. Mit ihnen flog etwas Weißes. Er hatte es schon von weitem nahen sehen, es flog geradewegs auf ihn zu, und er fing es, dicht vor seinem Gesicht, aus der Luft. Es war ein Stück Papier, nicht groß, ein Zettel, mit Bleistift beschrieben. Er drehte sich um, stand, den Rücken zum Wind, und las, was da mit klarer, beschwingter Schrift geschrieben war:

> Du! Geh zu der Linde, der alten,
> verneige dich vor ihr, verneige dich dreimal tief,
> wasch dir am Brünnlein, dem kühlen, die Augen,
> dann aber klopf an den Baum, dreimal klopf an!
> Erasmus, das tu!

Erstaunt blickte er auf das Blatt. Erasmus ist ein seltener Name. Es war wohl nur einer im Ort, der so hieß – er selbst. Die Linde, die alte, stand weit draußen vor der Stadt. Nur sie konnte gemeint sein. Wenn er weiterging, an dem Möbelgeschäft vorbei, und gleich danach links in einen Feldweg einbog, kam er, wenn er eine halbe Stunde zwischen Wiesen und Äckern gegangen war, zu einer einsamen Anhöhe, auf der die Linde, die man die Tausendjährige hieß, neben einer Kapelle stand. Von der Kapelle führten Stufen zum Brünnlein hinab. Es war dies eine Quelle, die einst als heilkräftig für die Augen verehrt wurde; das Wasser schoss aus einer kleinen gemauerten Wand in einen marmornen Trog.

Er las, las noch einmal. Dann drehte er sich um und machte sich auf den Weg: hinaus in die Einsamkeit. Er wollte sich vor der Linde verneigen, dreimal tief, er wollte sich am Brünnlein die Augen waschen und dann dreimal an den Baum klopfen. Und warten, was geschehen würde.

Ein Mann soll eine Rede halten

Ein Mann soll eine Rede halten.
Vor einem Blatt sitzt er.
Was kann er, darf er, muss er sagen?
Das weiße Blatt bleibt leer.

Er sinnt, den Stift in seiner Hand,
schon eine Stunde schier.
Nun aber zieht er einen Strich
quer über das Papier.

Der Strich, das soll die Straße sein,
auf der geht bald ein Mann,
geht tief gebückt, trägt einen Sack,
den er kaum tragen kann.

Ihm folgt ein Hund ganz unbeschwert –
welch einer, das ist klar.
Ein Pudel ist es, man erkennt's
am Ringellockenhaar.

Nach diesem kommt ein Elefant.
Woher mag der wohl sein?
Zum nächsten Schritt erhebt er grad
das linke Vorderbein.

Als Letzter zeigt ein Junge sich,
der auf den Händen geht.
Das tut er! Warum soll er nicht,
wenn er die Kunst versteht?

Der Mann besieht – nicht ohne Stolz –,
was er geschaffen hat.
Dann aber seufzt er und dreht um
das hinten weiße Blatt.

Meine Damen und Herren,

Jetzt sitzt er wieder und sinniert,
ganz wie am Anfang so. –
Freund, musst du keine Rede halten,
ich sag dir: Dann sei froh!

Schifflein auf dem Bach

Ein hübsches Schifflein
bauten wir,
ein schneeweißes Schifflein
aus Papier.

Ist es auch klein,
so schwimmt es doch.
Es schwimmt auf dem Bach –
fährt immer noch.

Und kommt es nicht weit:
Ein kleines Stück
erlebte es
das Seefahrerglück.

Kappenkauf
(Zum Schnellsprechen)

Sitzt dir, Knabe, die Kappe zu knapp,
setz die knappe Kappe ab!
Die da, du, die passt dir schier.
Nimm die da, du,
nein, die da hier!
Die, die du jetzt hast:
Die da, du, die passt!

246

Besuch bei Zauberer Zippel

»Zauberer Zippel, du stehst so verzagt.
Warum schaust du so drein?«
»Ich habe sieben Ziegen gezaubert,
doch ach, sie gerieten zu klein.«

»Auch uns misslingt bisweilen was.
Wo sind sie denn, deine Ziegen?«
»Da hüpfen sie alle – ja, seht ihr sie nicht? –
in der Schachtel, klein wie Fliegen.«

»Und wie sie springen! Jetzt boxen sie sich!
Was ist das für ein Leben!
Wenn du sie nicht brauchst, so schenke sie uns.
Bitte, bitte, du musst sie uns geben!«

»Ihr könnt sie haben.« – »Wir danken sehr.
Es wird ihnen gut bei uns gehn.
Und gerät dir auch mal ein Gaul so klein,
lieber Zauberer, schenk uns auch den!«

247

Zungenbrecher

Ein Dutzend dudelnde Dudelsackpfeifer
sind im Dunkeln leichter zu finden
als zwei Dutzend im Dickicht
sich duckende Dollars.

Sieben Männer sieben mit sieben Sieben Sand.
Die sieben mit sieben Sieben siebenden Männer
geben gut acht.
Einer, der Gold in dem Sand, den er siebte, fand,
lacht.

Spitz, Peter, den Pfahl mit dem Beil,
ist der Pfahl spitz, klopf, Peter, dem Pfahl
auf den Kopf mit dem Beilhinterteil!

Können kleine krause Katzen
mit krummen Krallen an den Tatzen
kleine kluge Kinder kratzen?

248

Der Ritt auf dem Rappen

War einst ein Rappe,
lang ist's her,
der war so lang,
so lang war der:

Auf seinen Rücken
stiegen
fünf fürchterliche
Krieger.

Los ritten sie,
fünf Kerle wie
fünf Teufel. Säbel
schwangen sie.

Sie schlugen um sich:
So! – so! – so!
Wer sie von weitem sah,
der floh.

Der Rappe trug sie
im Galopp
und machte plötzlich
ho-hohopp!

Bums, fielen sie –
war das ein Schreck! –
nach hinten
in den schönsten Dreck.

Da saßen sie.
Da glotzten sie.
Der Rappe lachte kurz:
»Wihiii!«

Und lief davon
in flinkem Trab
dorthin, wo's viele
Kinder gab.

Dort bei den Kindern
blieb er stehn.
Sogleich umringten ihn
die zehn.

Er wieherte: »Steigt auf!
Nur Mut!«
Sie halfen sich,
da ging es gut.

Es kletterten Bernd,
Tanja, Klaus
aufs lange Ross,
Till, Stanislaus.

Auch Birgit, Marco,
Claudia,
Natascha und
Angelika.

Dann lief der Rappe,
trapp-trapp-trapp,
mit seinen Reitern
bergauf, bergab.

Er trug sie –
schön war's überall –
durch Wälder
und zum Wasserfall.

Durch eine Schlucht
trug er sie noch.
Da war's zum Gruseln.
Schön war's doch.

Er trug sie weit
und wieder heim
am Abend spät
bei Mondenschein.

Klapperschlangen-Geklapper

Die gefährlichen Klapperschlangen leben in den heißen Ländern Amerikas. Die meisten lieben wüstenartiges Gelände.

Aber es gibt auch Klapperschlangen, die sich in Wäldern aufhalten. Diese haben einen schwarzen Schwanz und heißen – wie könnte es anders sein – Waldschwarzschwanz-Klapperschlangen. Das ist ein schwieriges Wort. Aber es könnte noch schlimmer kommen. Stell dir Folgendes vor.

Eine Familie aus dem Schwarzwald war auf Abenteuer-Urlaub in Mexiko. Zu Hause machen sie auf der Veranda die Koffer auf, um ihre Mitbringsel auszubreiten – da kriechen junge Waldschwarzschwanz-Klapperschlangen heraus. Entsetzen! Man rennt zum Telefon. Anrufen! Aber wen? Die Feuerwehr? Die Polizei? Am besten gleich den Zoo in Karlsruhe! Dort haben sie bestimmt Leute, die wissen, wie

250

man mit Giftschlangen fertigwird. Doch bis von dort jemand eintrifft, sind die kleinen Waldschwarzschwanz-Klapperschlangen längst im Schwarzwald verschwunden. Sie wachsen heran, vermehren sich, und nun gibt's ... Was gibt's? Schwarzwaldwaldschwarzschwanz-Klapperschlangen!

Eines schönen Tages gehen einige Leute im Schwarzwald spazieren. Plötzlich schreit der kleine Jochen, der vorausgelaufen ist: »Vorsicht! Eine Schlange!«

»Nur keine Aufregung!«, wird ihm entgegnet. »Es ist bestimmt eine Ringelnatter!«

»Nein, ich seh's genau!«, ruft Jochen schnell. »Es ist eine Schwarzwaldwaldschwarzschwanz- Klapperschlange!«

Wie hat er das nur so geschwind herausgebracht? Jochen ist Zungenbrecherschnellsprechjuniorenmeister. Wie wird man das? Üben! Üben!

Die Tulpe

Dunkel
war alles und Nacht.
In der Erde tief
die Zwiebel schlief,
die braune.

Was ist das für ein Gemunkel,
was ist das für ein Geraune?,
dachte die Zwiebel,
plötzlich erwacht.
Was singen die Vögel da droben
und jauchzen und toben?

Von Neugier gepackt,
hat die Zwiebel einen langen Hals gemacht
und um sich geblickt
mit einem hübschen Tulpengesicht.

Da hat ihr der Frühling entgegengelacht.

Ich weiß einen Stern

Ich weiß einen Stern
gar wundersam,
darauf man lachen
und weinen kann.

Mit Städten, voll
von tausend Dingen.
Mit Wäldern, darin
die Rehe springen.

Ich weiß einen Stern,
drauf Blumen blühn,
drauf herrliche Schiffe
durch Meere ziehn.

Wir sind seine Kinder,
wir haben ihn gern:
Erde, so heißt
unser lieber Stern.

Warum?

Die Ringelnatter
auf dem Waldeshügel
lag wie ein Fragezeichen so krumm.
Sie dachte: Warum
sind die Menschen so dumm?
Alle Pilze, die sie nicht kennen,
stoßen sie um.
Alle Blumen, die schönsten,
rotten sie aus.
Und mich – o hätte ich Flügel! –
schlagen sie tot mit dem Prügel.

252

Wäre die Wolke ein Kissen

Die Wolke, was ist sie? Wir wissen,
ein Ding wie Nebel und Rauch.
Wäre die Wolke ein Kissen
und läge ich drauf auf dem Bauch,

flög ich, vom Winde geschoben,
und sähe hinab auf das Land.
Ich sähe die Heimat von oben
wie eine geöffnete Hand.

Die Fluren, die waldigen Kuppen,
die Stadt, ins Stromland gestellt.
Die Menschen wie winzige Puppen
und jeder Mensch eine Welt.

Der wilde Willibald

Ich kannte einen Räuber,
den wilden Willibald.
Der machte vor nichts halt.

Zehn mal zehn ist zehnzig,
behauptete er kalt.

Es war einmal ein armer Hund

Es war einmal ein armer Hund.
Der klaute einem reichen Hund
einen guten Knochen.
Dann lief er fort,
der arme Hund.
Der arme Hund
mit dem geklauten Knochen.

Gleich fing er an,
der reiche Hund,
dem armen Hund
mit Kläffen nachzulaufen.
Doch gab er bald das Rennen auf.
Er war zu fett, der reiche Hund,
er konnte es nicht mehr verschnaufen.

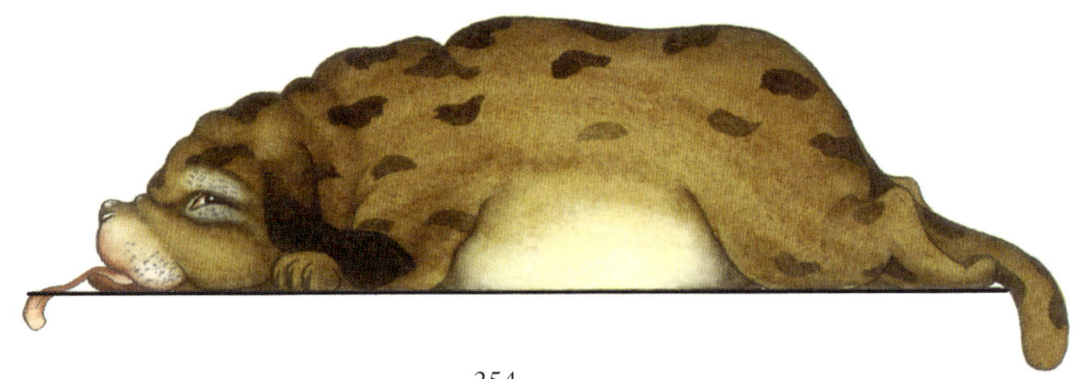

Es hat sich gelohnt

Nachts.
Nichts.
Nur
Max.
Bei
Baum.
Selbst
Baum.
Kein
Schnauf.
Passt
auf.
Knacks!
Max
zuckt.
Guckt.
Dachs trottet vorbei.

Kaltes Gedicht

Frag den Eisbär
auf dem Eisberg
im Eismeer,
ob's ihm lieber wär,
wenn's heiß wär!

Der Eisbär,
der weiße,
auf dem Eisberg
im Eismeer
sagt: »Nein!«

Möchtest du
ein Eisbär,
ein weißer,
auf einem Eisberg
im Eismeer sein?

Was ist der Löwe von Beruf?

Was ist der Löwe von Beruf?
Löwe ist er. Löwe!
Der Fuchs ist Fuchs, das ist genug.
Möwe ist die Möwe.

Was ist der Mensch? Fabrikarbeiter,
Schüler, Chefarzt, Fahrer.
Was du auch seist – im Hauptberuf
sei Mensch, ein ganzer, wahrer.

Die Sache mit der blutigen Rache

Der Bär war groß. Der Bär war stark. Und einen Prügel hatte er – ich und du vermöchten ihn kaum aufzuheben. Wenn der Bär, der große, starke, in Zorn geriet – und er geriet leicht in Zorn, der Bär, wenn er schlechter Laune war –, nahm er seinen ungeheuren Prügel. Und dann, o weh!

Eines Tages saß der Bär an seinem Tisch und war schlechter Laune. Und wie er so schlechtgelaunt am Tische saß und aß, da geschah es. Seine Augen wurden starr, sein Fell sträubte sich, aus seiner Kehle drang ein drohendes Knurren. Vor ihm auf dem Tisch saß eine Fliege, die sich an einem herumliegenden Krümel gütlich tat, ganz so, als gehöre er ihr. Ja, das tat sie. Sie wagte es.

Der Bär erhob sich von seinem Sitz. Der Bär bückte sich. Der Bär hob seinen Prügel vom Boden auf. Der Bär holte zum Schlage aus. Hätte der Bär die Fliege auf dem Tisch erschlagen, hätte sich der Tisch in Kleinholz verwandelt. Doch das hätte ihn nicht abgehalten. Wenn er in Zorn geriet, war ihm alles egal. So einer war er ...

Aber die Fliege saß nicht mehr auf dem Tisch. Sie hatte sich dorthin gesetzt, wo sie sicher war.

Der Bär drehte sich um. Er drehte sich fünfmal um sich selbst. An keiner Wand, in keiner Ecke saß die Fliege.

»Wohin du auch geflogen bist«, brüllte der Bär, »du entgehst meiner Rache nicht!« Er schulterte den Prügel und verließ die Hütte.

Mit gewaltigen Schritten stapfte er den Hügel hinauf. »Rache!«, gurgelte es aus seiner rauben Kehle. »Rache!«

Dass die Fliege, die er suchte, auf seinem Rücken saß, wusste er nicht.

Auf dem Hügel stand ein Bauernhaus. Der Bauer kniete vor dem Schuppen auf der Erde. Er war damit beschäftigt, die Zinken eines Rechens zu reparieren. Plötzlich stand vor ihm der große Bär: »Die Fliege! Finden muss ich sie. Erschlagen muss ich sie. Wo ist sie? Sage es mir, oder ...«

Der Bauer sah über sich in der Luft den gewaltigen Prügel und besann sich schnell. »Hast du ihr diesen Prügel gezeigt?«, fragte er.

»Habe ich!«, grölte der Bär. »Habe ich!«

»War ein Fehler!«, sagte der Bauer. »War ein Fehler! Hättest ihr nur sollen den kleinen Finger zeigen. Wäre dann nur bis zu mir geflohen. Hat diesen Prügel gesehen, ist weiter geflohen als bis zu mir. Viel weiter.«

Das leuchtete dem Bären ein. Er schulterte knurrend seinen Prügel und schritt den Hügel auf der anderen Seite wieder hinunter. Er musste die Fliege finden. Musste Rache an ihr nehmen. Blutige Rache.

Unten im Tal war ein breiter Bach. Der Bär schickte sich an, diesen Bach zu durchwaten, um den Berg auf der anderen Seite zu ersteigen. Während der Bär durchs Wasser schritt, zwickte ihn ein Krebs, der unter einem Stein saß, in den Fuß. Der Bär ließ vor Schmerz den Prügel fallen. Er fischte den Prügel wieder aus dem Bach und ging weiter.

Als der Bär auf der anderen Seite des Baches ans Ufer steigen wollte, tat es hinter dem Berg einen gewaltigen Donnerschlag. Der Bär machte erschrocken kehrt.

Als er in der Mitte des Baches war, zwickte ihn der Krebs wieder in den Fuß. Wieder ließ der Bär den Prügel fallen, wieder hob er ihn aus dem Wasser. Dann stieg er aus dem Bach und ging auf dem Weg, den er gekommen war, zurück zu seiner Hütte. Der Bär saß in seiner Hütte und stierte auf den Tisch: Auf dem Tisch saß die Fliege und labte sich an einem Krümel.

Der Bär erhob sich. Der Bär schloss Türe und Fenster. Der Bär sah auf den Tisch. Die Fliege saß noch immer dort. Der Bär bückte sich. Der Bär richtete sich auf und hob den ungeheuren Prügel.

Die Fliege saß nicht mehr auf dem Tisch.

Die Fliege saß an keiner Wand. Die Fliege saß in keiner Ecke.

Der Bär legte den Prügel wieder auf die Erde. Der Bär setzte sich.

Auf dem Tisch saß wieder die Fliege. »Hast du gesehen, dass ich mich unsichtbar machen kann?«, fragte die Fliege.

»Hab ich gesehen, hab ich gesehen«, sagte der Bär.

»Hast du gespürt, wie dich mein kleiner Bruder im Wasser zweimal in den Fuß gezwickt hat?«, fragte die Fliege.

»Hab ich gespürt, hab ich gespürt«, sagte der Bär.

»Hast du gehört, wie mein großer Bruder hinter dem Berg gehustet hat?«, fragte die Fliege.

»Hab ich gehört, hab ich gehört«, sagte der Bär.

»Willst du noch immer Rache an mir nehmen?«, fragte die Fliege.

»Will ich nicht, will ich nicht«, sagte der Bär.

Seither leben die beiden friedlich zusammen in der Hütte. Die Fliege darf von den Krümeln auf dem Tische essen, und der Bär wird nicht arm davon.

Am 4. Dezember

Geh ich in den Garten
am Barbaratag.
Geh zum kahlen
Kirschbaum und sag:

Kurz ist der Tag,
grau ist die Zeit.
Der Winter beginnt,
der Frühling ist weit.

Doch in drei Wochen,
da wird es geschehn:
Wir feiern ein Fest,
wie der Frühling so schön.

Baum, einen Zweig
gib du mir von dir.
Ist er auch kahl,
ich nehm ihn mit mir.

Und er wird blühen
in seliger Pracht
mitten im Winter
in der heiligen Nacht.

Beschämender Traum

Zwei Pferde gingen bekümmert
im Gänsemarsch durch den Schnee.
Sie traten in ein Gartenhaus,
das hatten sie selber gezimmert.
Dort zogen sie ihre Halfter aus
und tranken Kaffee.
Doch unter dem Deckel der Zuckerdose
fanden sie keine süßen Brocken,
fanden sie eine Herbstzeitlose
mit angezogenen Knien hocken
(sie hatte sich vor dem Frost verkrochen
und sah nun mit blasslila Augen her).
Ich kann nicht mehr,
sagte das eine der Pferde,
es ist alles so Winter auf dieser Erde.

Glückwunsch

Wie ein Tier seine Spur
auf die frisch verschneite Flur,
schreibt mein Stift im Gehn auf diese
schneeige papierne Wiese:
Viel Glück! Nur Mut!
Mach's gut!

Come sta? Sto bene

Es war einmal ein Mann,
der hörte am allerbesten.
Den fragten wir: »Wie geht's auf der Welt?
Was gibt es Neues im Westen?«

Er legte sein Ohr auf die Erde:
»In Frankreich traben drei Pferde.
Es springen auch vier Fohlen,
die hüpfen im Osten, in Polen.
In Dänemark, im Norden oben,
höre ich spielende Kinder toben.
Im Süden, in Italien, da
fragt einer den andern: ›Come sta?‹
›Sto bene‹, spricht der andre jetzt.
›Wie geht's?‹ – ›Mir geht's gut‹,
heißt das übersetzt.«

Möge es allen bene gehn,
die mit uns auf dieser Erde stehn.

Der Zinnsoldat

Ein Setzkasten hängt an der Wand. Hundert kleine Dinge bevölkern seine hundert Fächer, hübsche Dinge, besondere Dinge. Figürchen, von den Kindern modelliert, sind darunter und glasierte Tonscherben, im Garten gefunden; glatte Eicheln in gekörnten Becherchen sind zu bestaunen und Münzen aus vergangener Zeit, Mohnkapseln und bemalte Wachsköpfchen von verlorenen Krippenfiguren. Jedes Ding hat seinen eigenen, von Leisten umfriedeten Raum. Jedes Fach ist eine eigene kleine Welt.

Eines der vielen Fächer beherbergt einen Zinnsoldaten. Aus einer auf dem Dachboden entdeckten Schachtel mit allerlei Krimskrams kam er zutage. Nun hat auch er sein eigenes Geviert.

Über ihm reckt sich ein vor Jahrtausenden gewachsener glasklarer Bergkristall, unter ihm liegt ein gelb-braun gebändertes Schnirkelschneckenhaus; rechts von ihm ruht ein silberner Fingerhut aus Urgroßmutters Tagen, links von ihm träumt ein knorriger roter Korallenast von den sanften, vielfarbigen Fischlein, die ihn einmal wimmelnd umspielten. Und mitten zwischen ihnen steht, nein, schreitet – stürmt der Zinnsoldat. Ein feldgrauer Kämpfer aus dem Ersten Weltkrieg – das, was von ihm übrig blieb. Denn mancherlei ist ihm abhandengekommen: alles, was sich über dem Gürtel befand, die Brust und der behelmte Kopf, der Arm, der das Gewehr mit dem aufgepflanzten Bajonett hielt, bereit zu Schuss und Stoß. Oder holte die Faust mit der Handgranate zum Wurf aus?

Welch ein Soldat! Hat ihn auch das Schicksal seiner oberen Hälfte beraubt, er stürmt noch immer, wie das Vaterland es befahl: »Sturm auf, marsch, marsch!«, hatte die Stimme des Hauptmanns gegellt. Weit greifen die Stiefel auf dem schmalen Postament – diesem Stücklein Schlachtfeld – aus, das Knie des vorgesetzten rechten Beines ist feindwärts abgeknickt. Diese Feinde – waren's Engländer, waren's Franzosen? –, wo sind sie hingeraten? Längst verschwunden sind alle Kameraden, die Mitstreiter. Nur einer blieb von der Zinnsoldatenschlacht, er, er ganz allein. Und von ihm: sein Sturmschritt. Ein Denkmal eigener Art. Dem Vater, wenn ab und zu sein Blick darauf fällt, greift's ans Herz. Wie viel dunkle Tragik, aller Irrsinn der Welt spricht aus dem kleinen Ding.

Doch der Rest der Familie kann an dem halben Zinnsoldaten nicht viel finden. Hübscherem – wie viel gäbe es da nicht, Aufgelesenes, Selbstgemachtes, aus den Ferien Mitgebrachtes – soll er Platz machen. Das Urteil ist gesprochen. Am Silvesterabend wird ihm die Stunde schlagen.

Eine Hand wird ihn nehmen und in einen alten Löffel legen. Über einer Kerzenflamme wird er zu einem schimmernden See zerrinnen, der sich zischend ins Wasser ergießt. Dann wird ein silbriges Etwas aus dem Topf geholt und von allen Seiten begutachtet werden. Was wird aus dem feldgrauen Sturmschritt geworden sein? Ein aufstrebender Busch? Ein zottiger kleiner Rübezahl? Ein Fisch? Eine zierliche Grotte?

Die Kau

Ich kannte eine Kuh.
Sie lag auf der Wiese
in himmlischer Ruh.
Ich sah ihr stundenlang zu,
wie sie Kau-gummi,
Kau-gummi,
Kau-gummi
kau-te,
die Kau-,
nein, die Kau-,
nein, die Kuh,
die Kau-,
ja, die Kau-,
ja, die Kau-,
ja, die Kau-gummi,
Kau-gummi
Kau-gummi
kau-ende
himmlische Ruh.

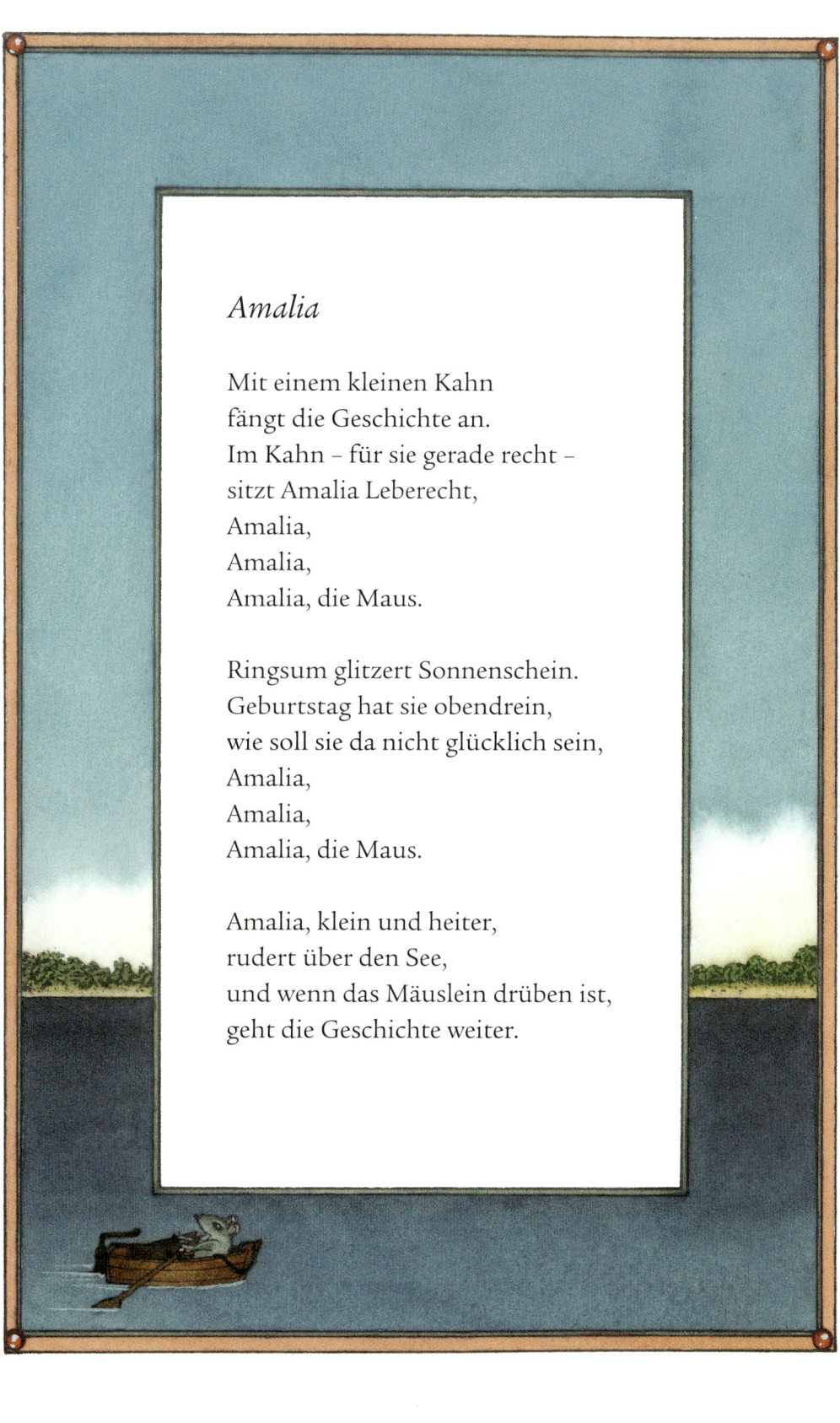

Amalia

Mit einem kleinen Kahn
fängt die Geschichte an.
Im Kahn – für sie gerade recht –
sitzt Amalia Leberecht,
Amalia,
Amalia,
Amalia, die Maus.

Ringsum glitzert Sonnenschein.
Geburtstag hat sie obendrein,
wie soll sie da nicht glücklich sein,
Amalia,
Amalia,
Amalia, die Maus.

Amalia, klein und heiter,
rudert über den See,
und wenn das Mäuslein drüben ist,
geht die Geschichte weiter.

Ein Schifflein rosenrot

Ein Käfer, der spazieren flog,
fiel in den Fluss, und dann,
dann dachte er: Jetzt zapple ich,
so lang ich zappeln kann.

Er zizazozazappelte
(so macht man's in der Not).
Da schwamm daher ein Rosenblatt,
ein Schifflein rosenrot.

Das war ihm recht. Gleich stieg er auf.
Ich hab ihn fahren sehn:
den Fluss hinab, an mir vorbei
als stolzen Kapitän.

Versteinerung

In einem Acker fand ich eine Muschel.
Hier war vor Jahrmillionen einmal Meer.
Da liegt sie nun,
Nachricht von weit her,
auf meiner Hand die Muschel:
Stein geworden,
schwer.

Das Wandern ist des Stiefels Lust

Ein Stiefel wandert durch die Nacht,
ein linker: er allein.
Auf stillen Straßen wandert er
und gern auch querfeldein.

So, wie er ist, marschiert er:
alt, faltig, ungeputzt.
Wer plötzlich ihm begegnet,
bleibt stehn und ist verdutzt.

Am Wintermorgen siehst du
auf der verschneiten Flur,
wo Fuchs und Hase liefen,
verwundert seine Spur.

Ganz ohne festen Wohnsitz
marschiert er, wo's ihm passt.
Doch hat auch seine Daten
bislang kein Amt erfasst:

O lasst ihn! Er ist harmlos,
er ist kein Terrorist.
Mal wollt ihn einer stoppen:
»Halt!«, rief ein Polizist.

Dem trat er gegens Schienbein,
das tat er mit viel Kraft.
Und verschwand im Dämmerlicht.
Ihn freut die Wanderschaft.

Wir sitzen in den Autos;
wir sitzen, sehen fern.
Das Wandern ist des Stiefels Lust.
Er wandert allzu gern.

Tritt um Tritt! Und ab und zu
– ist er auch nicht mehr jung –,
da tut er noch, wenn es ihn packt,
einen Freudensprung.

Spargel schmeckt gut

Es war einmal ein Mann, der wollte sich in seinem Garten ein Spargelbeet anlegen. Falls du es noch nicht weißt: Für Spargel muss man den Boden tief umgraben.

Der Mann nimmt den Spaten und fängt an zu graben. Er gräbt und gräbt. Da stößt er auf etwas Merkwürdiges. Das ist ein flaches Stück Metall, das aufrecht im Boden steht. Der Mann putzt mit der Hand dran herum. Da ist es ein eiserner Gockelhahn. Er will den Gockelhahn aus der Erde ziehen. Der lässt sich zwar hin- und herdrehen, aber herausziehen lässt er sich nicht.

Der Mann gräbt weiter. Es kommt ein Dach. Ein rundes, spitzes Dach. Ein Kirchturmdach. Der eiserne Gockelhahn drauf ist der Wetterhahn.

Unterm Kirchturmdach kommt der Kirchturm. Im Kirchturm hängen zwei Glocken, eine große und eine kleine.

Der Mann gräbt und gräbt. Gräbt und gräbt. Dann hat er die ganze Kirche ausgegraben. Die ist wohl bei einem Erdrutsch verschüttet worden.

Der Mann lehnt den Spaten außen an die Kirche und macht die Tür auf. Die Kirche ist voller Leute. Vorn steht der Pfarrer. Der schaut den Mann an, droht mit dem Finger und sagt: »Freund, du kommst spät!«

»Wann hat's denn angefangen?«, fragt der Mann.

»Vor tausend Jahren.«

»Und wie lange dauert's noch?«, fragt der Mann.

»Amen!«, sagt der Pfarrer.

Da ziehen die Leute aus der Kirche und die Orgel spielt dazu. »Das war eine schöne Predigt«, sagen sie.

»Aber lang«, sagt einer.

Draußen lehnt der Spaten. Den nehmen sich die Leute und graben Gänge zum Wirtshaus und zu ihren Häusern.

Und der Mann? Der ist nie mehr zu einem Spargelbeet gekommen. Für Spargel muss man den Boden tief umgraben, das weißt du ja. Aber nicht so tief.

Die wilde Uhr

Wir
besitzen eine Uhr,
eine echte, alte
aus Wildwest.
Sie schießt
jede Stunde um sich.
Es kracht
siebenmal um sieben,
achtmal um acht.

Ist Ballern so schön?
Doch sie kann es nicht lassen.
Es trifft, wen es trifft,
uns,
Bilder, Bücher und Tassen.

Schafft man sich Freunde
durch peng-peng-peng-peng?
Nie und nimmer!
Uhr, du musst aus dem Zimmer.

Uhr, du kommst in den Keller!
Da mach, was du willst,
Geballer, Geböller, Gebeller.

Kommt Komma Kinder

Kommt Komma Kinder Komma
dort im Wald
schreit einer Komma
kommt Komma bald
sehn wir den Komma
der dort gar nicht weit
kuckuck Komma kuckuck Komma
kuckuck schreit
Ausrufezeichen

(Ein Glück, dass wir die Satzzeichen nicht aussprechen müssen!)

Gelogen

»So schnell kriegt mich hier keiner mehr hoch!«,
sprach ein müder Wanderer mit Schnaufen.
So sagte er. Und setzte sich
auf einen Ameisenhaufen.

Ich male mir den Winter

Ich male ein Bild,
ein schönes Bild,
ich male mir den Winter.
Weiß ist das Land,
schwarz ist der Baum,
grau ist der Himmel dahinter.

Sonst ist da nichts,
da ist nirgends was,
da ist weit und breit nichts zu sehen.
Nur auf dem Baum,
auf dem schwarzen Baum
hocken zwei schwarze Krähen.

Aber die Krähen,
was tun die zwei,
was tun die zwei auf den Zweigen?
Sie sitzen dort
und fliegen nicht fort.
Sie frieren nur und schweigen.

Wer mein Bild besieht,
wie's da Winter ist,
wird den Winter durch und durch
spüren.
Der zieht einen dicken
Pullover an
vor lauter Zittern und Frieren.

Es war einmal ein lustiger Mann

Es war einmal ein lustiger Mann,
der trug auf seinem Kopf
ein hübsches, braunes Hütchen,
das war ein Blumentopf.
Der Hut liegt hier im Grase.
Der Herr, wo ging er hin?
Nach Linz, nach Prag, nach Budapest?
Nach Frankfurt, nach Berlin?
O nein, o nein, er ging nicht fort.
Wo ist er hingekommen?
Der nette Herr, so dick er war,
ist ganz und gar zerronnen.
Der Frühling kam. Es wurde warm.
Da rief der Dicke: »O weh!« –
Wir aber springen und schreien: »Hurra!«
Wir sind zum Glück nicht aus Schnee.

Das Wirtshaus im Moor

So, das Gruseln möchtest du lernen? Hm, hm. Was kann ich dir da empfehlen? Da wäre natürlich die Ruine Schreckenstein mit dem Burggeist Ottokar, der »Schuhuh!« schreit, mit seinem Hohlkopf Fangen spielt und sich ab und zu in einen feurigen Hund verwandelt – etwas anderes als diese harmlosen Späße ist ihm seit vierhundert Jahren nicht eingefallen. Nein, Freund, das ist nichts für dich! Aber probier's doch mal mit dem Wirtshaus im Moor! Ja, das müsste doch, meine ich, für den Anfang ganz gute Dienste tun. Und solltest du dort wirklich nicht auf deine Kosten kommen, kannst du dich ja noch immer bei anderen umhören.

Der Weg ist leicht zu beschreiben. Du weißt doch die Gärtnerei Hops & Kapores hinter dem Ort? Ja, genau, die mit dem dreibeinigen Kater und dem Schild VORSICHT – BISSIGER GÄRTNER! Den Weg, der quer durch die Gärtnerei führt, gehst du ganz einfach weiter, an den drei Wettertannen vorbei, in die bei jedem Gewitter – immer schön reihum – der Blitz einschlägt: geradewegs auf den Wald zu.

Am Waldrand hast du links eine umzäunte Lärchenschonung, in der immer ein paar Rehe äsen, rechts liegt ein zusammengekrachter Jägerstand. Ach ja, da fällt mir ein: Der Jäger, der als letzter droben saß, vermisst seine Brille. Solltest du also dort bei dem Stangen- und Bretterzeug eine Brille finden – sie kann auch zwanzig Meter weiter liegen –, sei so nett und bring sie auf dem Rückweg mit! Das habe ich zwar vergangenes Jahr schon mal einem gesagt, dem ich den Weg beschrieb, aber der Betreffende ist bis heute nicht mehr zum Vorschein gekommen. Weiß der Kuckuck, wo der Schlingel so lange steckt!

Dort also, zwischen Lärchenschonung und ehemaligem Jägerstand, gehst du in den Wald hinein, immer fröhlich drauflos. Sooft der Weg sich gabelt, wählst du immer die schlechtere Abzweigung, dann kannst du gar nicht fehlgehen. Was die vielen Bäume betrifft, die kreuz und quer über dem Weg liegen, so kannst du drübersteigen, du kannst auch drum herumgehen, ganz wie du aufgelegt bist.

Auf diese Weise gelangst du nach zwei Stunden zum Schwarzen Kreuz. Dort gehen zwei Wege ab, von denen der eine so miserabel ist wie der andere, du musst dich aber unbedingt links halten. Das Waldstück hat seinen Namen von einem vier Meter hohen Kreuz aus Eschenholz, das an dieser Stelle vor hundertfünfzig Jahren zur Erinnerung an eine Mordtat errichtet wurde. Genau dort hat nämlich jenes berühmte Handgemenge stattgefunden, bei welchem der Oberförster Luitpold Unterholzbolzer von dem wildernden Schreinergesellen Franz Xaver Leimtiegler – weit und breit nur als der schräge Schreiner-Xaver bekannt – erstochen wurde. Das erwähnte Eschenkreuz, das sich bald schwarz färbte, ist längst umgefallen, es soll aber, wie es heißt, wieder aufgerichtet und an eine Fichte gelehnt worden sein. Also, vielleicht entdeckst du das Kreuz noch. Sonst kannst du dich aber auch nach den beiden richten, die sich dort in der Nähe herumtreiben. Den schrägen Schreiner-Xaver erkennst du leicht an der Haltung und am Grinsen, den Oberförster Unterholzbolzer an der grünen Tracht und am grimmigen Blick; auch das Messer in seinem Rücken ist ein guter Anhaltspunkt; der Griff hat Hirschhorneinlagen und Messingnieten. Also: Pass auf, dann kannst du das schwarze Kreuz nicht übersehen! Und dort, wie gesagt: links!

Nach einer halben Stunde kommst du gleich noch einmal an eine kritische Stelle. Dort geht ein Weg rechts, einer halb rechts und einer links. Hier solltest du den linken Weg lieber meiden, er führt nämlich schnurstracks in den Bannwald. Dort haust, falls du das noch nicht wissen solltest, der gefürchtete Bartholomäus Schinaggel mit seinen dreiundzwanzig Räubern. Das ist die berüchtigte Barthel-Bande, jene vierundzwanzig Mann, welche allesamt an einem eisigen Januartag bei schauerlichem Schneegestöber – doch es waren ja zum Glück lauter wind- und wettergewohnte Männer – auf dem Marktplatz aufgeknüpft wurden. Zuvor hatten sie zwanzig Jahre lang die Leute erschlagen und ausgeraubt. Rosshändler, Leinenweber, Zuckerbäcker, Doktoren, Professoren, Inspektoren, Grafen mit Gefolge, fürstbischöfliche Steuereintreiber, reisende Jahrmarktsgauner – kurz, wen sie nur erwischen konnten, alle schlugen sie tot, bergeweise. Jetzt sind sie in den Bannwald gebannt und müssen sich an den einsamen Wanderern schadlos halten, die sich alle Jubeljahre dorthin verirren. Recht geschieht ihnen!

Auch der Weg halb rechts ist nicht zu empfehlen. Dort soll es noch gefährlicher sein. Also, denk an mich, bleib ganz rechts! Halt! Total verkehrt! Jetzt hätte ich dir doch beinah etwas Falsches gesagt. Rechts steckt er, der Barthel! Ganz rechts! Nein, halb rechts. Oder doch links? Sapperlot, jetzt bin ich völlig durcheinander. Wo steckt die Bande nun wirklich? Na, du wirst es ja vielleicht merken.

Solltest du zufällig den rechten, ich meine: den richtigen Weg erwischen, wirst du bald das Gefühl haben, dass einer hinter dir her ist. Wenn du dich umschaust, wirst du einen großen, dürren Wolf gewahren, an dem dir besonders der hinterhältige, brutale Gesichtsausdruck auffällt. Der Kerl hat es, ich sage es dir gleich, auf deine fetten Waden abgesehen. Wenn ich dir einen Tipp geben darf: Der Halunke ist feig, und solange du ihn scharf ansiehst, wird er es kaum wagen, näher als bis auf zwei Schritte an dich heranzukommen. Aber wehe, du lässt ihn eine Sekunde aus den Augen! Bei diesem widerwärtigen Gesellen soll es sich, im Vertrauen gesagt, um einen gewissen Wastl Fallot handeln, der zunächst als Hauptmann während des Dreißigjährigen Krieges ungezählte Schandtaten beging und der dann, nach dem großen Friedensschluss, noch fünfzehn Jahre als Schulmeister in unserer Stadt die Kinder traktierte. Wie gesagt, wenn du seine gelben Zähne in deiner Wade spürst, dann weißt du, du bist auf dem richtigen Weg.

Im Übrigen dürftest du gut daran tun, diesem Weg, auf dem es von Schlangen wimmelt, deine ganze Aufmerksamkeit zu schenken.

Doch nur Mut! Du näherst dich jetzt dem schönsten Stücke deines Weges, der sogenannten *Lieblichen Heide*. Diese wird an beiden Seiten von einem tiefen Graben begrenzt. Über den ersten Graben – er ist fünf Meter breit – führt keine Brücke, du musst also, es bleibt dir nicht erspart, einen kecken Weitsprung wagen. Dabei solltest du allerdings berücksichtigen, dass die Grabenränder – bedenke: Moorboden! – recht brüchig sind. Anderthalb Meter hüben und drüben musst du mindestens zugeben. Hier wird, ich gestehe es, einiges von dir verlangt. Aber vielleicht wird dich die Tatsache beflügeln, dass viele Augen deinen Sprung mit Interesse verfolgen. Im Graben lauern nämlich in Menge jene schwarzen, beißlustigen Schlangen, die dir auch schon zuvor zu

Dutzenden begegnet sind. Es handelt sich dabei um Höllennattern, und zwar um eine unverschämt giftige Rasse. Es soll jedoch – dir zum Trost sei dies gesagt – Aussicht auf Rettung bestehen, wenn der Gebissene innerhalb von elf bis zwölf Minuten die Universitätsklinik in Tokio aufsucht; auch die Poliklinik in Los Angeles, USA, hält, so wird versichert, das gute Serum bereit.

Die *Liebliche Heide* bietet mit ihren Zwergbirken und Krüppelföhren, dem lila Heidekraut und dem silbernen Wollgras einen malerischen Anblick; Heidelbeeren und Preiselbeeren laden zum Mahle. Ihre Ausdehnung erstreckt sich über etwa sechs Kilometer; das ist, wie man zu sagen pflegt, eine gute Wegstunde. Du selber wirst die Strecke allerdings in wenigen Minuten durchmessen haben. Die *Liebliche Heide* ist nämlich der Aufenthaltsort eines Hirsches, eines stattlichen, schlaksigen Achtundzwanzigenders, der die Spitzen seines prächtigen Geweihs an anderer Leute Rippen zu wetzen liebt.

Sollte es dir gelingen, den Graben am anderen Ende der Heide zu erreichen, ehe der Hirsch, der übrigens recht gut zu Fuß ist, dich eingeholt hat, so wirst du dort zu deiner nicht geringen Freude einen breiten Balken als Brücke finden. Auf diesem Balken pflegen freilich ein paar wilde Freistilringer zu sitzen, die jeden, der drüber will, in hohem Bogen über die linke Schulter ins Wasser schmeißen. Wie du mit diesem Gesindel fertigwirst, ist deine Sache. Bist du aber drüben, dann siehst du es auch schon mit hohlem Kreuz, will sagen, mit eingesunkenem Dach hinter den Brennnesseln stehen: das Wirtshaus im Moor!

Von den Überraschungen, die dich dort erwarten, will ich nichts verraten. Ohne Zweifel wird dir schon bei deinem Eintritt allerlei geboten werden, was geeignet ist, dich für die Eintönigkeit des Wanderwegs zu entschädigen. Doch sollte dich das, was du zunächst erlebst, noch nicht ganz befriedigen, dann werde nicht gleich ungeduldig. Richtig los geht es erst bei Einbruch der Dunkelheit!

Seefahrt

Auf hoher See, zu Mittag fing's an,
Windstärke 10, schon fast ein Orkan.
Die Decke, der Boden, die Wände, die Tür,
die Tische, die Stühle, die Bullaugen, wir,
das schwang, als ob's auf der Achterbahn wär,
da fanden sich Löffel und Münder nicht mehr,
hinauf ging's, hinunter, hinüber.
Da sprach eine Dame aus München zu mir:
»Wi-Wi-Windstille wäre mir lieber!«

Wurzeln und Zweige

Reglos steht am Straßenrand
lange schon ein knorr'ger Mann.
Er wartet auf den Omnibus,
sosehr man warten kann.

Er wartet eine Ewigkeit.
Der Bus will sich nicht zeigen.
Der knorr'ge Mann am Straßenrand
schlägt Wurzeln und treibt Zweige.

Zu einem Eichbaum wird er gar
(noch ist er zwar ein kleiner). –
Du aber, würdest du ein Baum,
was wärest du für einer?

Haudenhund, Traumichnicht, Tutmirleid

Das Telefon klingelte. Herr Bierkriegle hob ab: »Hallo!«

»Haudenhund!«

Welchen Hund sollte er hauen? Herr Bierkriegle musste an den Hund von Nachbar Zillebiller denken. Der Hund hieß Barry und war groß wie ein Kalb. »Trau mich nicht!«, sagte er.

»-tschuldigung! Falsch verbunden!«

Aus. Gleich darauf klingelte das Telefon wieder.

Herr Bierkriegle hob ab: »Hallo!«

»Haudenhund!«

Herr Bierkriegle konnte von seinem Platz aus auf die Straße sehen. Auf der gegenüberliegenden Straßenseite trippelte ein Rehpinscher.

»Tut mir leid!«, sagte Herr Bierkriegle.

»-tschuldigung! Falsch verbunden!«

Da kam Frau Bierkriegle ins Zimmer. »Entsetzlich, diese Handwerker!«, jammerte sie. »Seit drei Tagen warte ich schon auf diesen Herrn Haudenhund, dass er mir endlich meinen Kühlschrank in Ordnung bringt!«

»Wie heißt der Mann?«, rief Herr Bierkriegle. »Haudenhund?«

»Natürlich! Der hat doch das neue Geschäft ums Eck!«

»Richtig! Ich war ja selber dort!«, stöhnte Herr Bierkriegle. »Ich hatte den Namen völlig vergessen. Eben hat sich Herr Haudenhund zweimal am Telefon gemeldet – und ich habe gedacht, ich solle einen Hund hauen!«

»Du bist doch ein ...!«, erklärte Frau Bierkriegle. Sie sagte nicht, was. Telefon!

»Gottlob, das ist er bestimmt wieder!«, rief Herr Bierkriegle erleichtert.

Er hob ab: »Bierkriegle!«

»Haudenhund! – Herr Bierkriegle, ein Glück, dass ich Sie endlich erreiche! Ich habe Sie schon zweimal anzurufen versucht, aber zuerst meldete sich ein Herr Traumichnicht und dann ein Herr Tutmirleid. – Was ich sagen wollte, Sie waren doch wegen des Kühlschranks bei mir.

Ist es Ihnen recht, wenn ich in einer halben Stunde bei Ihnen vorbei-
komme?«

»Großartig! Wir erwarten Sie, Herr Haudenhund! «

Ja, so kann's gehen. Übrigens, solche Missverständnisse am Telefon
kann man vermeiden. Da braucht es nicht viel Geschick. Man meldet
sich nicht mit »Hallo!«, sondern mit seinem Namen. Das ist der ganze
Trick.

Schlechte Verständigung

Frau Kerbis hing am Telefon,
von weit her sprach Frau Wimmer.
Die Stimme klang so dünn, so fern,
es wurde immer schlimmer.

Frau Kerbis kroch ins Telefon,
doch als sie dann im Zimmer
bei Wimmers aus dem Hörer kroch,
war sie bedeutend dünner.

Es gingen drei Kinder durch den Wald

Es gingen drei Kinder durch den Wald.
Die Kinder waren jung, der Wald war alt.
Da haben die drei unter Fichten versteckt
ein steinernes uraltes Haus entdeckt.
Sie klopften an. Kein Mensch rief: »Herein.«
Da fassten sie Mut und traten doch ein.
Sie blickten sich in der Stube um.
Da sahen sie stehen, verstaubt und stumm:
Eine uralte Uhr, eine uralte Bank,
einen uralten Tisch, einen uralten Schrank.
Der Schrank war wie der Himmel blau
und hatte Schubladen, zwölf genau.
In der ersten lag ein gläserner Ball,
in der zweiten ein Posthorn aus gelbem Metall.
In der dritten ein Männlein aus Elfenbein,
in der vierten ein Ring mit grünem Stein.
In der fünften lag ein vertrockneter Strauß,
aus der sechsten sprang eine silbrige Maus.
In der siebten lag ein zerbrochener Krug,
in der achten ein Bild: braune Adler im Flug.
In der neunten lag ein Gewicht aus Blei,
die zehnte war voll von allerlei.
In der elften lag ein Seidentuch,
in der zwölften ruhte ein uraltes Buch.
Auf dem Buch stand geschrieben: Nimm und lies!
Sie schlugen das Buch auf, da lasen sie dies:
Es gingen drei Kinder durch den Wald.
Die Kinder waren jung, der Wald war alt.
Da haben die drei ...

Die Grille

Höre,
was ich dir sagen muss:
Von der Grille
einen schönen Gruß!
Von der Grille, der schwarzen,
du kennst sie doch –
am sonnigen Wiesenhang
hat sie ihr Loch.
Das Loch ist ihr liebes Grillenhaus.
Da sitzt sie davor und geigt
und geigt mit den anderen Grillen im Chor.

Doch wagt sich die Grille
ein Stücklein fort,
gleich ruft sie aus: »Du liebe Zeit,
jetzt bin ich schon zehn Zentimeter weit!«
Und geschwind
rennt sie auf ihren sechs Beinen wieder heim,
in ihr Grillenloch hinein,
dass ja kein anderer flitzen kann
in ihr hübsches Haus
unter Augentrost und Thymian!

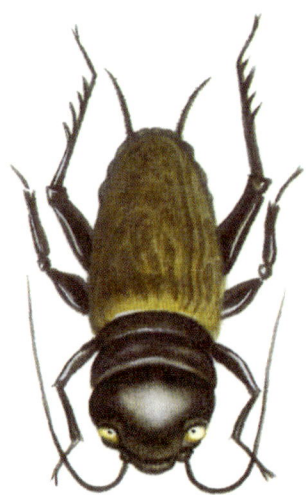

Die Kaulquappe wird ein Frosch

Als ich noch klein
und rundlich war,
da hab ich's noch besessen;
im Monat Mai,
da hatt ich's noch:
mein Schwänzlein!
Unterdessen
hab ich mir andres zugelegt:
vier Beine.
Diese Dinge
sind auch was wert.
Jetzt mache ich
gewaltig große Sprünge.

Der Elefant in Afrika

Elefant
fand Diamant,
fand ihn nicht sehr interessant,
ließ ihn,
wo er lag,
im Sand.

Afrika.
Sonnenglut.
Elefant
geht zum Fluss,
taucht den Rüssel in die Flut,
Wasser spritzt er über sich.
Eine Dusche,
das tut gut.

Amalia und Eulalia

Die Schnecke Amalia und die Schnecke Eulalia wohnten tausend Meter voneinander. Tausend Meter weit, das ist für Schnecken schon fast
wie in einem anderen Land. Aber alle Feiertage besuchten sich die beiden Schnecken doch. Als Amalia an Ostern zu Eulalia kam, sagte sie:
»Ich weiß eine Geschichte. Pass auf! Es war einmal ein …«

»Ach!«, rief Eulalia. Sie gehörte nämlich zu denen, die den Mund
nicht halten können.

»Nein, kein Bach«, sagte Amalia. »Es war einmal ein …«

»Hu!«, rief Eulalia.

»Nein, keine Kuh«, sagte Amalia. »Es war einmal ein …«

»Oh!«, rief Eulalia.

»Nein, kein Floh«, sagte Amalia. »Es war einmal ein …«

»Ei!«, rief Eulalia.

»Nein, keine zwei«, sagte Amalia. »Es war einmal ein …«

»Ah!«, rief Eulalia.

»Nein, kein … kein …«, sagte Amalia. »Ach du liebes Salatblatt! Jetzt
weiß ich nicht mehr, was nicht war. Und was war, habe ich auch vergessen. Außerdem ist es Zeit, dass ich ans Heimkriechen denke; der Weg
ist weit. Aber wenn uns bis Pfingsten kein Vogel aufgepickt hat, und
wenn mir bis dahin die Geschichte wieder eingefallen ist, und wenn du
mir dann nicht immer dreinredest, erzähle ich dir die Geschichte bei
unserm nächsten Besuch!«

Die drei Grafen

Ein Schiff zieht in den Hafen,
tut, tut.
An Deck stehen drei Grafen
mit blaugrauem Hut.

Drei Grafen mit roten Nelken am Rock.
Drei Grafen mit einem silbernen Stock.
Sie haben Diamanten am Ring
und tragen unter dem linken Arm
in Seidenpapier
ein besonderes Ding.

Die drei Grafen lachen und singen.
Was werden sie uns bringen?

Probier's nur!

Wie ernst der steinerne Löwe,
wie verdrossen, wie grimmig er blickt!
So zum Fürchten! – Was sinnt er, was denkt er?
Frag ihn! Er sagt es dir nicht.

Willst du dies erfahren, schau selber
so wild-traurig, löwenhaft drein.
Probier's nur! Dann fallen vielleicht auch
Löwengedanken dir ein.

So heißt er

Ich muss euch was sagen,
still, hört mich an:
Popocatépetl,
so heißt ein Vulkan!

In Mexiko steht er,
leibhaftig und groß.
Lang ist er still,
aber dann legt er los.

Seinen Namen, den tollen,
habt ihr noch im Ohr.
Den schreit, dass er's hört,
schnell dreimal im Chor!

Der schwarze Pudel Ferdinand

Der schwarze Pudel Ferdinand
tut manchmal, was er mag.
So nahm er sich zum Beispiel heut
einen freien Tag.

Die Tür stand auf. Schon war er weg.
Fröhlich, frei spazierte
er durch die Welt. Da sah er viel,
was ihn sehr interessierte.

Düfte stiegen, nie gerochne,
ihm in die Schnuppernase. –
Abend wird's. Da ist er wieder
in der Schützenstraße.

Vor einer Haustür bleibt er stehn,
die kennt er ganz genau.
Bis zur Klingel reicht er nicht.
Drum ruft er dreimal: »Wau!«

Das letzte Gefecht

Liebst du Gartenzwerge? Gib's ruhig zu. Mir sind sie auch ans Herz gewachsen. Was man auch gegen sie sagen mag: Es gibt Schlimmere! Oh, wären alle wie sie! Gürte einem einen Dolch um den Bauch: Er denkt, der sei zum Kartoffelschälen. Lege einem einen Revolver in den Schubkarren: Er schmunzelt nur.

Da hat es, gerade bei uns, schon ganz andere Zwerge gegeben. Sie waren kleiner als die Gartenzwerge. Viel kleiner. Eine Streichholzschachtel genügte ihnen als Bett für fünf erwachsene Personen, eine Teetasse als Schwimmbecken. Und ein Zahnstocher als Spieß. Ja, es darf nicht verschwiegen werden: Waren sie auch, der Größe nach, weiß Gott keine Wikinger – es floss kriegerisches Blut in ihren Adern!

Und es kam, wie es kommen musste. Eine Hausfrau verlor eine Packung mit hundert Zahnstochern aus der übervollen Einkaufstasche. Und sogleich stürzten sich die Winzlinge darauf. Habe ich schon gesagt, dass es hundert Zwerge waren? Genau hundert! Noch hundert, muss man sagen, denn vordem hatten sie nach Tausenden gezählt. Im Nu hielt jeder der hundert Zwerge einen Zahnstocher in der Faust (im Fäustlein). Keiner ging leer aus. Und kaum hatte jeder seine Waffe – einen vorn und hinten spitzen Zahnstocher –, schon war der Krieg in vollem Gange.

Unter uns Menschen, die wir an Ordnung gewöhnt sind, hätte sich das natürlich ganz anders abgespielt. Zuerst einmal hätten wir uns aufgestellt, fein säuberlich in zwei feindliche Abteilungen getrennt. Hier (zum Beispiel) die Deutschen – dort die Franzosen. Oder: Hier die Christen – dort die Heiden. Irgend etwas wäre uns schon eingefallen. Die eine Seite hätte etwas gebrüllt (egal was), zum Beispiel: Rot! Worauf die andere Seite, noch lauter, das Gegenteil gebrüllt hätte, zum Beispiel: Blau! Und erst nachdem jede Seite genau gewusst hätte, wofür und wogegen sie kämpfte, hätten wir uns so recht mit Herzenslust in das Gemetzel gestürzt. Nicht so unsere Zwerge. Sofort, ohne weitere Zeremonien, begann der Kampf. Wobei sich die (vorn und hinten spitzen) Zahnstocher als ideale Waffen erwiesen: Während jeder hinten (beim Ausholen) und vorn zustach, bekam er selbst von hinten wie von vorn was zwischen die Rippen. Nur allzu verständlich, dass bei dieser Kampfweise keiner übrig bleiben konnte.

Mir persönlich tut es leid. Ich hätte zu gern einmal einen von diesen kleinen Grimmigen zu Gesicht bekommen.

Aber gibt es das wirklich: ein Volk, bestehend nur aus tapferen Helden? Wer weiß, wer weiß! Vielleicht hat sich doch wenigstens einer heimlich in die Büsche (ins Radieschenbeet, in die Stiefmütterchen) geschlagen? Es lässt mir keine Ruhe.

Erst heute wieder habe ich unter den Erdbeeren nachgesehen. (Ich denke so: Wo würde ich mich, als Winzling, am liebsten aufhalten, jetzt, wo die Erdbeeren reif sind? In den Erdbeeren!)

Ich habe alle Blätter hochgehoben. Doch ich habe keinen Zwerg entdeckt. Nur Schnecken. Die ja.

Geldgeldgeld

Wer zaubern kann, der zaubert sich
am besten erst mal Geld,
denn Geldgeldgeldgeldgeldgeldgeld,
das braucht man auf der Welt.

Jetzt zaubere ich mir, so denkt er sich,
der Zauberer Billy Boll,
mit Geldgeldgeldgeldgeldgeldgeld
gleich alle Taschen voll.

Darauf spricht er den Zauberspruch,
den falschen leider, schade,
und als er in die Taschen greift,
sind sie voll – Marmelade.

Schnee im April

April – auf einmal schneit es wieder.
Aus den Wolken schwebt es nieder.
Frösche, die am Weiher hocken,
sehn erstaunt die weißen Flocken.
Sind das wohl besondre Fliegen,
weiße zwar, doch leicht zu kriegen?
Und sie sitzen still und faul,
Augen zu, weit auf das Maul.
Doch was reinfliegt – eins, zwei, drei,
wird's zu Wasser. Zauberei!
Zu leerem Wasser, das nichts nutzt.
Man sieht sich an. Man ist verdutzt.
»Dieses ist«, der Dickste spricht's,
»ein Aprilscherz, weiter nichts.
Nichts als Unfug sozusagen.
Ich, Genossen, ich geh baden!«
Platsch! – »Ich auch!« – »Ich auch!« – »Ich auch!«
Platsch! Platsch! Platsch! klatscht Bauch um Bauch.

Das Einhorn

Unversehns
in Urgestalt
stand es vor mir
im Tagtraumwald.

War wie ein Hauch,
war wie ein Held,
war donnergrau.
War eine Welt.

Da war ein Busch.
Da stand es vorn
mit seinem einen
Silberhorn.

Sein rechtes Ohr
bewegt' es leis.
Was dachte es?
Gott weiß. Gott weiß.

Dann schwand es,
war es nicht mehr da.
Es blieb der Busch
und ich, der's sah.

Welt der Felder

Als wir mal am Feldweg hockten,
still, starr, stumm wie Felsbrocken,
kamen sie ganz nah heran:
Rebhuhn, Hase und Fasan.

Sie schauten uns an
und wir sagten kein Wort.
Ich säße gerne
noch manchmal so dort.

Vor dem Fuchsbau

Die Spur
im Schnee
führt ins Loch,
eine nur.

Kein Zweifel,
der Fuchs ist daheim.
Was tut er im Bau
so allein?

Ob er Kreuzworträtsel löst?
Spielt er mit sich selber Schach?
Ach nein.

Ich weiß, was er tut.
Er sitzt im Dunkel und denkt:
Ich bin da,
das ist gut.

Das Fenster

Auf meinem Bild
ist es spät in der Nacht.
So aber sieht es aus:
Ich malte mir
einen dunklen Hügel,
auf den Hügel ein graues Haus.

Die Fenster sind schwarz,
nur eins ist goldgelb:
ein Fenster unter dem Dach.
Wer lebt dort oben?
Ich wüsste es gern.
Warum ist er immer noch wach?

Glück

Wir saßen,
wir standen auf,
gingen;
wir stiegen ein,
fuhren
und kamen an.

Wir legten an
mit unserm Kahn
an einer Felseninsel.
Die Insel war klein,
doch mit Buschwerk, Gestein
eine Urwelt für uns ganz allein.

Die sieben Müden

Auf der Moorwiese, nicht weit vom Wald, standen Birken beisammen.

Sieben schöne Bäume.

An der 1. Birke lehnte ein müder Spaten.

An der 2. Birke lehnte eine müde Sense.

An der 3. Birke lehnte eine müde Heugabel.

An der 4. Birke lehnte eine müde lange Stange (wovon sie müde war, weiß ich nicht).

An der 5. Birke lehnte ein müdes Fahrrad.

An der 6. Birke lehnte ein müder Bär mit der rechten Schulter.

Am letzten Baum lehnte niemand.

Mir fiel ein, dass ich auch müde war, und ich lehnte mich an die 7. Birke, auch mit der rechten Schulter.

Da stand ich, genauso schräg wie die anderen.

Ich schaute auf den Spaten – auf die Sense – auf die Heugabel – auf die lange Stange – auf das Fahrrad. Nichts tat sich.

Ich schaute auf den Bären. Der zwinkerte mir zu, und ich zwinkerte ihm zu.

Dann gingen wir aufeinander zu (der Bär hatte sich genug ausgeruht, und ich war auf einmal nicht mehr müde), jeder legte dem andern einen Arm über die Schulter, und wir wanderten gemeinsam Richtung Wald.

Tschau!

Spät war's

In lausig kalter Gasse saß
(spät war's,
von drüben, aus der Oper, drang Applaus)
ein zierliches Wiewaswarumchen,
obdachlos.
Gu nahm's nach Haus.

Titel und Anfänge aller Gedichte und Geschichten

Josef Guggenmos, geboren 1922 in Irsee/Allgäu, studiert Literaturge-
schichte, Kunstgeschichte, Indologie. 1950 ging er für ein Jahr nach
Finnland, später arbeitete er dann als Lektor und Übersetzer, vor allem
aber als Lyriker. Seit dem Ende der 1950er Jahre lebte er, mit seiner
Familie, wieder in seinem Elternhaus in Irsee, wo er 2003 starb.
Guggenmos veröffentlichte seit 1956 Verse für Kinder. Für die Gedicht-
sammlung *Was denkt die Maus am Donnerstag?* wurde er 1968 mit dem
Deutschen Jugendliteraturpreis ausgezeichnet. *Gorilla ärgere dich nicht*
(1971) war seine erste Veröffentlichung bei Beltz & Gelberg, der viele
weitere folgten. Darunter auch Anthologien mit Bildern von Rotraut
Susanne Berner (*Katzen kann man alles sagen*), Axel Scheffler (*Ich will dir
was verraten*) und Sabine Friedrichson (*Groß ist die Welt*).
Für sein Gesamtwerk erhielt Guggenmos 1993 den Sonderpreis zum
Deutschen Jugendliteraturpreis, 1997 den Österreichischen Staatspreis
für Kinderlyrik. Zusammen mit Erich Kästner, Christian Morgenstern
und Bertolt Brecht gilt er als einer der bedeutendsten Kinder-Lyriker der
deutschen Literatur. »Josef Guggenmos hat mit seinen Gedichten und
Geschichten der Poesie für Kinder den Rang gegeben, wie ihn die große
Dichtung besitzt.« *Friedrich-Bödecker-Kreis*

Nikolaus Heidelbach, geboren 1955 in in Lahnstein/Rhein, studierte Germanistik und Kunstgeschichte in Köln und Berlin. Heute lebt er als freischaffender Künstler in Köln. Heidelbach gilt als einer der anerkanntesten und zugleich eigenwilligsten Illustratoren. Neben seinen Kinderbuchillustrationen veröffentlichte er auch viele Werke für Erwachsene. Bei Beltz & Gelberg erscheinen seit den 1980er Jahren seine Bücher für Kinder, darunter *Prinz Alfred, Das Elefantentreffen, Was machen die Mädchen heute?, Was machen die Jungs heute?, Wenn ich groß bin, werde ich Seehund* sowie die Bilderbücher *Arno und die Festgesellschaft mit beschränkter Haftung* und zuletzt *Schornsteiner*. Außerdem illustrierte er die Märchen der Brüder Grimm und H.C. Andersen, eine Auswahl erschien auch in dem Sammelband *Die schönsten Märchen*.

Für sein Gesamtwerk wurde Heidelbach 2000 mit dem Sonderpreis des Deutschen Jugendliteraturpreises ausgezeichnet, für *Königin Gisela* mit dem Deutschen Jugendliteraturpreis. »Wenn sich in Nikolaus Heidelbachs Werk das Alltägliche und das Phantastische reiben, dann sprühen die Funken. Aus der freigesetzten Energie entstehen Geschichten von bissigem, zuweilen schwarzen Humor, von großer Klugheit und poetischer Kraft.« *Manuela Kalbermatten, Neue Züricher Zeitung*